J. GOUL…

MEMBRE

DU

COMITÉ RÉVOLUTIONNAIRE DE NANTES

1793-1794

PAR

ALFRED LALLIÉ

NANTES

…CENT FOREST ET ÉMILE GRIMAU…

Place du Commerce, 4

PARIS, H. CHAMPION, QUAI MALAQUAIS, 15

1880

LE SANS-CULOTTE J.-J. GOULLIN

DU MÊME AUTEUR

NOTES CONCERNANT L'HISTOIRE DU BOUFFAY DE NANTES (1625-1794); in-8°. Nantes, 1865 (Epuisé).

GAUDIN-BÉRILLAIS ET SA NÉGOCIATION; in-8°. Nantes, 1867 (Epuisé).

LA GRANDE ARMÉE VENDÉENNE ET LES PRISONNIERS DE SAINT-FLORENT-LE-VIEIL; in-8°. Nantes, 1868 (Epuisé).

LE DISTRICT DE MACHECOUL (1788-1793); 1 vol. in-18. Nantes, 1869. A.-L. Morel, libraire. — Prix : 4 francs.

LES NOYADES DE NANTES; 2e édition, revue et augmentée de l'*Histoire de la persécution des prêtres noyés*; in-8°. Nantes, 1879. Libaros, libraire, Carrefour Casserie, 3. — Prix : 2 francs.

UNE COMMISSION D'ENQUÊTE ET DE PROPAGANDE EN L'AN II DE LA RÉPUBLIQUE; in-8°. Paris, H. Champion, quai Malaquais, 15. — Prix : 2 francs.

Nantes. Imp. Vincent Forest et Emile Grimaud, place du Commerce, 4

LE SANS-CULOTTE

J.-J. GOULLIN

MEMBRE

DU

COMITÉ RÉVOLUTIONNAIRE DE NANTES

1793-1794

PAR

ALFRED LALLIÉ

NANTES
VINCENT FOREST ET ÉMILE GRIMAUD
Place du Commerce, 4

PARIS, H. CHAMPION, QUAI MALAQUAIS, 15

1880

AVANT-PROPOS

Le nom de Carrier est indissolublement lié au souvenir des cruautés commises à Nantes pendant la Révolution.

« Tout ce qu'on fit devant Troie d'exploits héroïques, dit quelque part M. Michelet, c'est Achille qui l'a fait ; et tout ce qu'on fit dans Nantes de choses effroyables, la tradition ne manque pas d'en faire honneur à Carrier. »

Carrier cependant ne fut pas à Nantes le seul coupable ; il eut des complices qui le servirent, l'aidèrent, le conseillèrent, et sans lesquels il n'eût pas fait tout le mal qui l'a rendu célèbre.

Une étude attentive des événements montre qu'avant le séjour de Carrier à Nantes, le Comité révolutionnaire, dont les membres avaient été choisis par ses collègues Philippeaux, Gillet et Ruelle, avait déjà établi la Terreur dans cette ville, et que la conduite de Carrier, dans ses précédentes missions, n'avait point été de nature à attirer l'attention sur lui.

Envoyé d'abord à Rouen et dans diverses parties de la Normandie pour combattre les efforts du fédéralisme, il avait ensuite exercé ses pouvoirs à Saint-Malo[1] *et à Rennes, et avait, durant quelques semaines, suivi en Vendée les opérations des armées républicaines.*

Malgré le séjour de Carrier à Rouen, cette ville est peut-être la seule grande ville de France où ne siégea aucun tribunal révolutionnaire. Quelques habitants de Rennes ayant manifesté à Carrier la ferme intention de lui résister, on a raconté qu'il avait quitté Rennes sans y avoir ordonné une seule arrestation[2].

Dans la Vendée il n'avait été ni plus ni moins cruel que ses collègues.

Il est ainsi permis de supposer que si le monstre se révéla aussitôt son arrivée à Nantes, c'est qu'il trouva, parmi les membres du Comité révolutionnaire nouvellement établi, des gens animés de passions semblables à celles qui couvaient en lui[3].

[1] Voir la déposition du député Chaumont, séance du 22 frimaire an III, *Courrier républicain* du 24 frimaire, p. 361.

[2] *Biographie universelle* de Michaud, v° Joseph Blin, t. LVIII.

[3] Le témoin Laënnec dans sa déposition du 14 frimaire an III le dit expressément. *Papiers de Villenave*, p. 512. (Collection de M. Gustave Bord.)

L'étude qui va suivre, et qui est surtout consacrée à Goullin, montrera à quel point fut néfaste l'influence de cet homme; on y verra aussi qu'à côté de Goullin, ou plutôt au-dessous de lui, deux membres du Comité révolutionnaire, dont l'un s'appelait Chaux et l'autre Bachelier, prêtèrent leur concours aux plus abominables mesures de Carrier.

Chaux était, avant la Révolution, un négociant dont les affaires allaient mal. Déconsidéré dans son commerce, moins estimé encore de ses créanciers, il s'était jeté dans le mouvement révolutionnaire, comme l'ont fait depuis beaucoup de ses semblables, avec l'espoir d'y trouver une position, qui lui permît de vivre à l'aise, et de rétablir, aux yeux de la foule, sa considération perdue. Intelligent, hardi, brutal, sans conscience, il avait, en traversant les sociétés populaires, fait son chemin jusqu'au cabinet d'un Représentant dont il était devenu le secrétaire. Les fonctions de membre du Comité révolutionnaire avaient été sa récompense. Bien que sa signature valût peu de chose, il eut l'habileté de ne pas la compromettre dans les affaires publiques. Tout en demeurant l'ami et le collaborateur constant de Goullin au Comité révolutionnaire, Chaux ne signa directement aucun ordre de mort.

Bachelier avait une nature et des antécédents très différents. C'était un légiste; il occupait dans le fief de l'Évêché un office dont les attributions tenaient à la fois de celles du notaire et de celles du procureur. Il exerçait paisiblement sa profession, et quoiqu'il fût craintif, gauche et sournois,—faux par faiblesse, dit M. Michelet, — il avait son grain d'ambition. Peut-être, sous la Monarchie, se fût-il contenté de trôner à l'église au banc des marguilliers, ou bien à la Mairie dans un des postes secondaires de l'Échevinage, mais son ambition s'était accrue en proportion des chances que le bouleversement social lui donnait de pouvoir la satisfaire. Appelé en 1791 aux fonctions de notable de la Municipalité, il était de ces hommes qui se font apprécier dans les corps délibérants, parce qu'ils sont exacts, ponctuels, parlent peu et savent tenir une plume. Girondin aussi longtemps que les Girondins avaient été les plus forts, il était devenu Montagnard à la chute de la Gironde. Dans un Comité dont la mission était d'opérer des arrestations il fallait un homme de loi, et l'on avait choisi Bachelier qui avait accepté, autant peut-être pour le salaire que pour le pouvoir, car il n'était pas riche. Bachelier fit de la terreur parce qu'il était lui-même terrorisé tout le premier; il avait peur de Goullin, peur de Carrier, et, comme il l'a dit lui-même, croyant peut-être que cette qualité devait tout excuser, il était père de famille. Père de famille, soit, mais d'une espèce bien autrement dangereuse que ceux dont Talleyrand disait en riant qu'ils étaient capables de tout.

Bachelier fut, pendant les deux premiers mois, président du Comité révolutionnaire, et à moins d'admettre qu'il fût un parfait imbécile, son nom mérite d'être associé à celui de Goullin dans les annales de notre histoire locale. Il y a bien des manières de faire le mal, et les complices par lâcheté sont les plus méprisables.

En effet, c'est à faire le mal, et rien qu'à cela, que ces hommes employèrent leur autorité. Jamais on ne vit pareille absence d'idées et de systèmes. Leur seule politique fut de satisfaire leurs rancunes, et de perdre ceux qu'ils croyaient capables de leur porter ombrage. Il y eut à Nantes aussi bien qu'à Paris une mêlée des partis, où, comme dans le règne animal, le combat pour la vie, — the struggle for life, — *dirait un naturaliste, absorba toutes les forces. C'est de ce temps que le conventionnel Bailleul a si bien dit : « Il est évident qu'on ne vit jamais plus de maladresse, plus d'ignorance dans le gouvernement, indépendamment de l'atrocité qui en était le caractère*[1]. »

Ecrivant la biographie de Goullin dans une ville où ce nom est porté par une famille honorable, je crois devoir prévenir des susceptibilités légitimes, en rappelant qu'à la suite d'une enquête minutieuse, dont les résultats furent consignés dans un procès-verbal signé le 11 septembre 1865, il a été établi, d'une manière péremptoire, que Jean-Jacques Goullin n'avait aucun lien de parenté avec la famille dont le chef était alors M. P.-B. Goullin, qui a occupé à Nantes diverses fonctions publiques, et notamment la présidence du Tribunal de commerce, et qui y a laissé de si bons souvenirs.

[1] *Observations sur les finances et les factions*, par Ch. Bailleul, membre du Conseil des Cinq-Cents, p. 7.

LE SANS-CULOTTE J.-J. GOULLIN

CHAPITRE PREMIER

Lieu de naissance de Goullin. — Son signalement d'après son passeport. — Sa mauvaise santé. — Sa répugnance pour le service militaire. — Difficultés qu'il rencontre à ce sujet. — Son attitude envers le Clergé dès 1791. — Détails sur son caractère et ses habitudes. — Sa nomination au District. — Son attitude dans cette administration. — Il obtient une place lucrative dans l'Enregistrement. — Sa correspondance avec le Procureur-Syndic du District. — M. de la Bregeolière, prédécesseur de Goullin, dans la régie de l'Enregistrement.

Quelques jours avant son arrestation, qu'il avait des raisons de croire prochaine, et peut-être en vue d'y échapper, Goullin se fit donner une mission par le Conseil général de la commune de Nantes pour aller à Paris conférer avec la Commission d'agriculture et des arts. Un passe-port signé « le sans-culotte Renard » lui fut délivré à cet effet le 16 prairial an II (4 juin 1794). Ce passe-port, dont il ne fit point usage [1], nous apprend que Goullin, Jean-Jacques, né

[1] Archives départementales de Nantes.

à Saint-Domingue, âgé de trente-sept ans, domicilié dans la commune de Nantes depuis vingt ans, demeurait rue Félix, N° 12, depuis quatre ans. Le signalement porte : taille, cinq pieds trois pouces ; cheveux et sourcils noirs ; yeux noirs et petits ; nez un peu long et retroussé ; visage ovale et pâle. Le lieu de sa naissance à Saint-Domingue était le Fort-Dauphin, où son père, mort à Nantes le 15 août 1785, avait été à la fois négociant et capitaine de milices.

J.-J. Goullin a donné lui-même, dans un mémoire manuscrit, rédigé pendant le procès des Cent trente-deux Nantais, daté de Paris le 24 fructidor an III (10 septembre 1794) et dont je dois la connaissance à une bienveillante communication de M. Dugast-Matifeux, quelques renseignements sur son passé.

« Ayant reçu de la nature, dit-il, l'organisation la plus frêle, une éducation trop molle l'ayant encore affaiblie, de tout temps j'eusse fait un mauvais soldat. Depuis, un poison dévorant, dont j'ai rappelé par miracle, un poison qui pendant trois ans m'a privé de toute digestion, avait achevé de débiliter mon chétif individu. En 89 et 90, toujours agonisant..... mon existence était un problème, et il m'était impossible, malgré mon ardent amour pour la Révolution, de m'engager à un service nocturne. »

Goullin répondait ainsi au reproche qu'à l'une des audiences du procès des Cent trente-deux Nantais, un des accusés patriotes lui avait adressé de n'avoir pris les armes qu'au moment de la chute du *tyran;* mais ce n'était pas la première fois qu'il était mis en demeure de s'expliquer sur ce point. Le journal *la Chronique de la Loire-Inférieure,* du 11 juin 1791, contient une lettre, signée « Jean-Jacques Goullin citoyen français », dans laquelle il répondait « aux accusations journalières de plaider la cause de sa patrie et de ne rien faire pour elle..... Ignorant les premières notions de la tactique, inhabile à manier un fusil, incapable de résister à la moindre fatigue, trop faible pour veiller une seule nuit, de quel secours, disait-il, puis-je être à mes concitoyens dans un corps de garde ou dans une action ? Ce sont des hommes qu'il faut et non des impotents. Chacun sert l'Etat à sa manière. Le laboureur paie de ses bras, le soldat de son sang, le magistrat de ses veilles ; quelques individus plus heureux savent le servir doublement. Quant à moi, je n'ai qu'une faible tête, et j'en fais hautement l'entier hommage à ma patrie. Si, malgré cet aveu, un seul patriote persistait à me voir enrôlé sous le drapeau national, je me résigne. »

Goullin se résigna ; du moins il l'affirme dans le mémoire déjà cité du 24 fructidor an III ; mais « ses forces parurent si douteuses à ses camarades de la compagnie de la *Liberté* qu'ils jugèrent à propos, pour l'exempter de service, de lui confier le poste de sergent-major, qui n'exigeait qu'un travail de jour et de plume, et des fonctions analogues à ses goûts et à ses facultés. »

Le banqueroutier Chaux, à cette époque, était déjà devenu un homme important, et présidait la Société des *Amis de la Constitution*, séant aux Cordeliers; Goullin, lui aussi, était certainement membre de la même Société, mais il n'avait point encore pris position. Ce fut probablement pour attirer l'attention sur lui qu'il fit insérer dans la *Chronique de la Loire-Inférieure* du 18 juin 1791 une pétition qu'il avait adressée à la Société populaire. Le but de cette pétition était d'indiquer un moyen pour dégoûter à jamais les ci-devant jacobins de porter leur costume monacal, et le moyen indiqué consistait dans une invitation aux juges du District « de faire revêtir de la robe jacobite le premier criminel qu'ils condamneraient au carcan. »

Les gens qui ne sont arrivés à la notoriété que par leurs crimes sont fort exposés au malheur d'être jugés sévèrement dans leur passé. Goullin, mis en évidence par le célèbre procès où il se trouvait impliqué, eut ce malheur. A l'exception de quelques témoins, qui avaient été ses complices, la plupart de ceux qui furent appelés à s'expliquer sur sa moralité en donnèrent une fort triste idée, et comme il n'est pas dans la nature humaine de passer subitement de l'honnêteté à la scélératesse, les accusations les plus sévères dirigées contre la partie de sa vie antérieure à l'époque où il exerça des fonctions publiques, ont ainsi acquis une vraisemblance des plus fâcheuses pour sa mémoire.

Mauvais fils, au point de battre son père, si l'on en croit un propos répété par Giraud, directeur de la poste aux lettres[1], « Goullin était connu, avant 1789, par ses talons rouges, ses plumets et sa longue et innocente rapière ; son libertinage lui avait mérité le titre de *roué*[2]. » « Homme de café, jamais il n'eut l'estime publique », dit Caton, maître de poste à Nantes, qui ajouta ne lui avoir jamais connu d'autre état que celui de joueur de trictrac[3].

Avec de pareilles habitudes, on s'explique aisément qu'il fallut que les circonstances lui vinssent en aide pour qu'il réussît à se faire prendre au sérieux ; mais, dans les temps de révolution, les gens capables de nuire sont toujours appréciés, et l'heure de Goullin devait arriver. Ses aptitudes n'étaient point vulgaires ; son intelligence était vive, il savait écrire convenablement, et son procès a révélé un certain talent de parole ; sans principes, et partant sans scrupules, capable d'oser, ne redoutant aucune responsabilité, n'ayant rien à perdre et tout à gagner dans un bouleversement social, il avait bien ce qu'il faut pour arriver au succès en temps de révolution. Plus d'une fois sans doute, en voyant la Convention peuplée de médiocrités pour qui sonnaient les trompettes de la renommée, il maudit le sort jaloux qui l'avait relégué sur le théâtre mesquin d'une ville de pro-

[1] *Bulletin du Tribunal révolutionnaire,* de Clément, in-4°, VI° partie, p. 301.

[2] *Phelippes, dit Tronjolly, accusé et détenu, ex-président des Tribunaux criminel et révolutionnaire, séants à Nantes, à la Convention nationale, à la République française, et à ses juges;* in-4°, Paris, 12 fructidor, an II, p. 17.

[3] *Bullet. du Tribun. révol.*, VI, 362.

vince ; mais, s'il ne fut point de ceux qui composaient la tragédie, il a montré que nul n'était plus capable que lui d'y jouer un rôle sanglant.

Pendant plus de six mois à Nantes, on peut dire que Goullin remplit la scène ; ses compagnons ne sont que des comparses. Il est vrai que Carrier est auprès de lui, Carrier, le monomane de destruction, auquel est échue la puissance de détruire ; mais Carrier est un étranger dans Nantes où il ne connaît personne ; il y passe ses jours et ses nuits vautré dans la débauche, et quand il sort de son hébêtement pour donner quelques-uns de ces ordres d'une cruauté invraisemblable, et qui pourtant sont vrais, on peut être sûr que Goullin n'est pas loin.

Malgré son désir d'arriver, Goullin n'était encore à la fin de 1792 que simple commis-greffier de la municipalité ; on retrouve quelquefois, dans les Archives, des pièces administratives couvertes d'une écriture élégante et hardie et signées : J.-J. Goullin, commis-greffier [1].

La première marque d'estime que les patriotes lui donnèrent en récompense de son exaltation révolutionnaire, fut sa nomination aux fonctions de membre du Directoire du District de Nantes. Cette élection eut lieu le 1er décembre 1792, et, sur 105 votants, il ne fut élu qu'au second tour et à la majorité relative

[1] Ce fut Goullin qui rédigea le procès-verbal contenant inventaire et acte de transport au district des vases d'or et d'argent de la cathédrale de Nantes, le 18 octobre 1792 ; cet inventaire comprenait 515 marcs d'or et d'argent.

par 47 voix [1]; le lendemain, ses trois collègues du Directoire l'élurent président. L'administration du District avait peu d'importance et surtout donnait peu de relief à ses membres dans les grandes villes où il y avait à la fois des Administrations Municipales et Départementales ; aussi Goullin s'empressa de quitter le District aussitôt qu'il put, grâce à l'amitié de Fouché, trouver une meilleure place. Dans son mémoire manuscrit du 24 fructidor an III, il se défend d'avoir « quêté » cette place. « Elle me fut offerte franchement, dit-il, et je l'acceptai de même... Je fus d'autant plus aise de passer à mon nouveau poste que, professant des opinions différentes de la grande majorité de mes collègues, mes fonctions devenaient chaque jour plus pénibles. Les épithètes de montagnard, de maratiste, m'étaient dédaigneusement prodiguées. La haine des fédéralistes contre Fouché, dont je soutenais les principes, rejaillissait sur moi. Tous ces dégoûts me firent embrasser avec plaisir un changement d'état. »

La place valait plus de cinq mille livres, et l'arrêté qui la lui conféra mérite d'être reproduit en partie ; il est signé de Fouché et de Villers, en date du 2 avril 1793, et aucun artifice de langage n'en déguise l'arbitraire :

« Vu la destitution du sieur Bouhier, dit Brégeollière, de la place de receveur des droits d'enregistrement, en date du 30 mars ;

[1] Registre du district, 1er décembre 1792, n° 579. (Archives départem.)

« Ayant reconnu que le citoyen Jean-Jacques Goullin a les talents et le civisme pour la remplir dignement ;

« Dérogeant, pour le bien public, à une disposition de la loi du 27 mai 1791, qui prescrit d'appeler aux places vacantes les employés ou soumissionnaires de la régie ;

« Considérant qu'il ne faut, dans les circonstances présentes, confier le timon des affaires qu'à des républicains éclairés et purs, appelons provisoirement à la place de Receveur des droits d'enregistrement d'actes civils et privés, ainsi que des déclarations de successions, tant directes que collatérales, le citoyen J.-J. Goullin qui entrera en fonctions de suite, le présent lui servant de commission, sauf l'aveu de la Convention Nationale et des régisseurs nationaux, auxquels il en sera adressé copie, ainsi qu'au directeur de la régie nationale de ce département [1]. »

Le 7 avril 1793, une lettre des mêmes représentants, adressée à Fidière, directeur de la régie nationale, ordonna de procéder au plus tard, le mardi 9, à l'installation de Goullin dans ses nouvelles fonctions.

L'installation eut lieu ; les liasses des papiers des émigrés contiennent de nombreuses pièces relatives à des successions ou à des inventaires, sur lesquelles on retrouve la mention de la perception des droits par Goullin. Néanmoins la chose n'alla pas sans quelques tiraillements de la part des employés de la

[1] Archiv. départem.

régie; aussi Goullin, en homme prudent, tarda-t-il à donner sa démission de membre du District. Le 19 avril 1793, il adressait au procureur-syndic du District, Clavier, le billet suivant, qui montre avec quelle désinvolture il savait dire les choses les plus gracieuses à des gens qui n'avaient cessé, comme on l'a vu tout à l'heure, de l'accabler d'injures.

L'adresse porte : « Au républicain Pierre Clavier, le républicain Goullin, *salus et honor :*

« .... Daignez, brave camarade, être auprès de mes collègues l'interprète des sentiments d'estime et de sympathie que je leur voue. Remerciez-les de leur extrême complaisance à vouloir bien porter ma part du fardeau administratif ; engagez-les à patienter encore huit jours seulement, passé lequel délai, je jure d'être entièrement des leurs ou de donner ma démission. Je vous recommande ma cause, certain qu'en passant par votre bouche elle acquerra un degré de faveur de plus. Adieu. *Amplector te totis ulnis;* parlons français, je vous étreins en vrai sans-culotte.

Signé : « J.-J. GOULLIN. »

Le 6 mai 1793, dans une lettre aux administrateurs, où il leur exprimait ses regrets d'abuser si longtemps de leur complaisance, et les assurait de son attachement, il les priait, « malgré l'incertitude de sa nouvelle place », de vouloir bien accepter sa démission. Cette lettre ne leur ayant point été communiquée par le « républicain Pierre Clavier, » Goullin lui en témoigna sa reconnaissance ; pour être moins joli que l'autre, ce billet mérite encore d'être cité.

L'adresse porte : « A l'obligeant et républicain Clavier, l'obligé et républicain aussi J.-J. Goullin, salut. »

« 12 mai matin.

« Mon cher Clavier,

« Je ne puis vous exprimer combien je vous suis reconnaissant du généreux procédé que vous avez eu à mon égard ; mais, encore une fois, mes collègues souffrent, et je ne puis me résoudre à voir si longtemps tout en souffrance pour le bien-être d'un seul. De grâce, mon cher, faites usage de ma précédente missive, et, malgré l'incertitude continuelle de mon sort, annoncez à mes confrères que je dois et que je sais sacrifier mes intérêts particuliers au bonheur général... Je leur souhaite pour mon successeur un citoyen, non pas aussi capable (aisément on me remplacera sur ce point), mais un homme aussi *attaché* à ses collègues, et aussi pénétré de l'amour de sa patrie. Je ne suis pas modeste, comme vous voyez, mais le siècle de l'humilité n'est plus, les capucins sont morts ; d'ailleurs la modestie n'est qu'un raffinement de l'amour-propre, et nous sommes parvenus au point où l'on doit franchement dire ce que l'on pense, même de soi. Assez, brave compatriote... Je vous donne l'accolade républicaine et vous quitte. Jean-Jacques Goullin. »

Le post-scriptum est d'un bon comptable, il y est question d'une somme de 18 liv. 10 sous due pour une adjudication, et le receveur demande qui lui en tiendra compte.

Le 27 mai, la démission n'étant pas encore parvenue à son adresse, le District convoqua Goullin à une séance de permanence pour la nuit suivante. Celui-ci répondit aussitôt, et, après s'être confondu en compliments pour l'excessive complaisance de ses collègues, qui le traitent encore comme un des leurs, il ajoutait :

« Braves camarades, deux motifs puissants m'empêchent de me rendre à votre injonction. Ma santé, premier obstacle ; depuis quatre jours, j'éprouve des coliques d'estomac qui me tourmentent cruellement. Deuxième raison, plus forte encore : observateur rigide de la loi, il m'est impossible de remplir deux fonctions à la fois. En un mot, la loi me défend de faire aucun acte administratif. D'après ces considérations, citoyens administrateurs, veuillez me dispenser de ma corvée nocturne, et me faire remplacer par un de vos membres qui, à coup sûr, vaudra mieux sur tous points que votre concitoyen Goullin. »

Il est évident qu'il préférait enregistrer ; la loi, la vraie loi, était celle qui lui donnait le moyen de le faire, et celle qu'on avait violée pour lui donner une place était, par la même raison, de ces lois qui ne comptent pas.

Cette lettre fut enfin regardée comme une démission, et, le 29 mai, Clavier écrivait à Vandamme, celui des candidats qui, le 1er décembre 1792, avait eu le plus de voix après Goullin, de venir le remplacer. La position était peu recherchée ; Vandamme déclina l'offre ; on se rabattit sur Bougon et sur Athenas, qui refusèrent également ; l'un parlait de sa fabrique d'huile, l'autre de sa société du commerce et des arts, et je ne saurais dire s'il fut possible de trouver un successeur au démissionnaire.

Quant à La Bregeolière, comme il n'était pas d'un civisme bien pur, tout bon républicain dira qu'il n'eut que ce qu'il méritait. Parmi les requêtes et dénonciations adressées au représentant Bo, il s'en trouve une datée de l'hospice de la Réunion (ancienne maison des Frères, rue Mercœur) où Mme de la Bregeolière expose que l'insatiable cupidité de Goullin a privé son mari d'une place qu'il occupait depuis trente ans, et qu'afin de se l'attribuer à lui-même, Goullin lui fit refuser un certificat de civisme ; qu'investi de la place, ajoute Mme de la Bregeolière, celui-ci fit arrêter son mari, qui se jeta par la fenêtre, et qui, ayant survécu à sa chute, fut emprisonné. Une autre pièce, signée Delorme, qui se trouve à côté de celle-ci, expose, à la date du 5 brumaire an III, que le fils du signataire est au Sanitat depuis six mois pour avoir fait une réclamation au nom de Mme de la Bregeolière. Goullin, est-il dit dans cette pièce, s'était fait donner la place de M. de la Bregeolière, et l'administration n'ayant pas approuvé sa nomination, il a poursuivi de sa haine tous les employés de la Régie, à laquelle appartenait le fils du pétitionnaire[1].

[1] M. Delorme, qui donna son nom au boulevard, avait deux fils; l'un était le prisonnier du Sanitat, et l'autre avait été tué dans une rencontre avec les Vendéens. Ayant abandonné à la ville de Nantes le terrain sur lequel fut tracé le boulevard, M. Delorme obtint que ce boulevard portât son nom, en souvenir de la mort de son fils.

CHAPITRE II

Goullin, secrétaire du représentant Philippeaux. — Sa conduite au moment du siège de Nantes. — Réorganisation du Comité de salut public. — Lettre de Goullin à ce Comité. — Menaces contre les Nantais. — Situation de la ville de Nantes. — Renouvellement des administrations. — Influence de Goullin dans cette affaire. — Goullin, notable de la Municipalité. — Etablissement du Comité révolutionnaire. — Appréciation des contemporains sur les membres appelés à en faire partie. — Pouvoirs des Comités révolutionnaires. — Action prépondérante de Goullin dans celui de Nantes.

Volontairement ou non Goullin avait abandonné sa place au mois d'août 1793, car le 15 de ce mois, il obtenait un passe-port pour se rendre à Tours en qualité de secrétaire du représentant Philippeaux.

Goullin affirme, dans le mémoire déjà cité, qu'il fit son devoir le jour de la Saint-Pierre (29 juin 1793), lors de l'attaque de Nantes par les Vendéens. Il défie de trouver des témoins capables de dire qu'il fallut le tirer de force de son domicile. L'huissier Verneuil, qui avait fait courir ce vilain bruit, était lieutenant dans le bataillon Cincinnatus [1], et sa parole vaut celle de Goullin affirmant qu'il vola l'un des premiers sur la place Cincinnatus (Duchesse-Anne), et, de là, à la redoute du Bourg-Fumé. Mais quand ce

[1] Almanach Despilly, 1793, p. 77. Mellinet, *La Commune et la Milice de Nantes*, t. VII, p. 25.

point resterait obscur, l'inconvénient serait mince, puisqu'on sait déjà que ce n'est point les armes à la main que Goullin prétendait servir son pays. Il est prouvé d'ailleurs que, ce jour-là, il commanda une patrouille [1].

Mieux valait être secrétaire d'un Représentant en mission que sergent, même major, et Goullin en fit l'expérience. Plus tard, ou peut-être en même temps, car Gillet fut à Nantes le collaborateur de Philippeaux, il fut aussi le secrétaire de Gillet [2]. Les Représentants avaient alors la puissance souveraine, « les pouvoirs illimités », et l'on arrivait à tout quand on savait leur plaire.

Un arrêté du 29 septembre 1793, signé Philippeaux, Gillet et Ruelle, avait réorganisé, sous le titre de Comité de surveillance, un Comité de salut public, créé au mois d'août, et qui n'avait pas agi avec la vigueur désirée.

L'arrêté du 29 septembre 1793, fut certainement libellé et signé [3] ; l'installation de ce second Comité eut lieu le jour même de son institution, par les soins de Gourlay, membre du Département [4], mais il ne reste aucune trace de ses délibérations, et si l'on se reporte aux procès-verbaux du Comité révolutionnaire définitif, de celui qui s'est rendu fameux par

[1] Procès des Nantais, *Bullet. du Trib. rév.*, VI, 84.

[2] Secrétaire : de Philippeaux : *Bullet.*, VII, 44 ; de Gillet, VI, 382, déposit. de Baudet.

[3] Archives Nationales, sect. du Secrétariat AF, II, 115.

[4] Reg. du Conseil de Départ., f° 60. (Arch. dép.)

ses crimes, et qui tint sa première séance le 11 octobre 1793, il semble que ce dernier Comité succédait directement à celui du mois d'août. Néanmoins, c'est bien le Comité du 29 septembre que Goullin accusa d'avoir, avant lui, proposé de grandes mesures de destruction [1], car en ce moment il interpellait directement Goudet, et Goudet, devenu accusateur public, n'a jamais été membre d'un autre Comité que de celui du 29 septembre. Ce serait donc aux membres du Comité du 29 septembre, à ceux que Goullin allait peu après remplacer, qu'il écrivait une lettre ainsi conçue, datée du 5 octobre 1793, et qui a été plusieurs fois imprimée :

« Aux intrépides Montagnards, composant le Comité de surveillance de Nantes.

« Le sans-culotte, secrétaire de la Commission Nationale, Goullin :

« Les Représentants me remettent les pièces ci-jointes que je m'empresse de vous faire passer ; examinez, et surtout agissez roide et vite ; frappez en vrais révolutionnaires, sinon je vous réprouve. Le carreau populaire vous est dévolu, sachez en user, ou vous êtes, ou, pour mieux dire, nous sommes foutus. Vous manquez, me dites-vous, de bras exécuteurs ; parlez, demandez, et vous obtiendrez tout : force armée, commissaires, courriers, commis, valets, espions, or même, s'il en était besoin ; dites un mot, encore une fois, et je suis garant que vous serez ser-

[1] Notes manuscrites de Villenave sur les débats du procès du Comité. (Collection de M. Gustave Bord.)

vis sur les deux toits. Adieu à tous, je vous aime, et vous aimerai toujours [1]. »

Cette lettre, que l'on peut regarder comme le premier coup de tocsin de la terreur à Nantes, resta sans effet, parce que les Représentants refusèrent de couvrir de leur autorité des mesures extraordinaires, mais elle montre bien l'homme gonflé de sa nouvelle importance et que réjouit l'idée d'écraser des compatriotes qui le méprisent. Le carreau, c'était la foudre. Goullin, qui se piquait de savoir ses auteurs, connaissait le vers de Boileau :

Du tonnerre dans l'air bravant les vains carreaux.

Quel crime avait commis la ville de Nantes dont la République eût alors à se plaindre ?

La liberté des sans-culottes, la seule qui pût exister en 1793, était-elle menacée ? Le régime républicain était-il contesté ? Les Vendéens étaient-ils sur le point de prendre leur revanche de leur échec du jour de la Saint-Pierre [2] ? Non ; la situation depuis plusieurs mois était la même ; mais il y avait dans la ville deux

[1] *Pièces remises à la Commission des Vingt et un*, p. 55.

[2] Ce n'est que le 13 octobre 1793, que l'on sut à Nantes que les rebelles avaient repris sérieusement l'offensive, en s'emparant de l'île de Noirmoutiers et en chassant de Châtillon l'armée de Saumur, et le 17 octobre, que l'on fut instruit de la prise de Varades. Le 19 octobre, un des membres de la Commission départementale annonça « que Carrier venait d'arriver et qu'il disait avoir, avec cent hommes, balayé la rive gauche de la Loire de Beaupreau à Nantes ; qu'il y avait eu un combat très sanglant à Beaupreau et que la victoire était complète. » Reg. de la Commiss. départem., f°s 84 et 93.

courants d'opinion qui avaient leur source au club de la Halle et au club Saint-Vincent. Le premier de ces clubs était composé de gens qui trouvaient bon d'arrêter la Révolution parce qu'ils occupaient les Administrations; le second était la réunion des violents et des besogneux qui naturellement voulaient les places des autres. Nantes souffrait de la disette; les prisons étaient encombrées de détenus, dont la punition semblait trop lente à l'impatience de quelques-uns, et, comme dans tous les temps, la satisfaction suprême des gens qui n'ont rien, qui ne sont rien, a été de dépouiller ceux qui possèdent et de devenir quelque chose, il fallait mettre en jeu le *carreau* populaire.

Il est bon de le dire aussi, la Révolution marchait, et la ville de Nantes n'était pas tout à fait à l'unisson du club des Jacobins, devenu le grand régulateur de l'opinion. Les membres des diverses Administrations de Nantes étaient pour la plupart issus du parti girondin, et, bien qu'ils fussent venus à la barre de la Convention faire amende honorable de leur fédéralisme, le 2 août 1793, les Montagnards de Nantes se firent une arme contre eux d'un décret qui ordonnait le renouvellement des corps administratifs dans les départements où ils étaient entrés en lutte ouverte avec la Convention [1]. Gillet et Philippeaux ne s'étaient point encore aper-

[1] Ce décret est seulement indiqué dans la collection de Duvergier à la date du 2-7 août 1793, VI, 74, et n'est pas mentionné au *Moniteur*.

çus le 23 septembre 1793 que ce décret concernait les Administrations de Nantes, et, à cette date, ils félicitaient, par une lettre écrite de la main de Goullin, les membres du Département de leur zèle à établir des ateliers de chaussures militaires [1]. Méaulle, Gillet et Ruelle auraient même reconnu que le décret ne s'appliquait point aux fonctionnaires de Nantes, mais, comme le dit très bien Phelippes, « les faux « patriotes étaient alors avides de places et d'autorité; « leurs vociférations toujours renouvelées empor- « tèrent enfin la destitution des administrateurs [2]. »

« Goullin, selon M. Guépin, joua un grand rôle dans cette affaire; lié avec Philippeaux, il profita de cette circonstance pour écarter du club Vincent un grand nombre de patriotes très ardents, mais trop fermes pour se laisser diriger par lui. Ne pouvant détruire leur autorité, car ils appartenaient à la nuance victorieuse, il les relégua à la mairie, bien sûr que son influence à la société populaire s'en accroîtrait; ce qui eut lieu [3]. » Quant à son influence dans la ville, il ne pouvait trouver un meilleur moyen de l'établir que de faire chasser des autres administrations tous les citoyens importants de la nuance girondine, et de les faire remplacer par des montagnards dociles.

Il n'était plus de mode de réunir le peuple dans ses

[1] Archives dép.

[2] *Noyades et fusillades*, par Phelippes-Tronjolly, Paris, an III, Ballard, p. 101.

[3] *Histoire de Nantes*, p. 453.

comices; le bon plaisir des représentants servait de scrutin pour les places électives, et, dans les jours où Goullin se disait en mesure de disposer du carreau populaire, les membres du Directoire et du Conseil de département, les officiers municipaux, les membres du Conseil de la Commune et les notables; le procureur-syndic et le procureur de la Commune, en un mot, tous les élus du mois de décembre 1792, sauf deux ou trois, étaient destitués et remplacés [1]. Afin d'avoir un pied dans les affaires de la Commune, Goullin s'était fait nommer notable. Dans le procès-verbal de la séance d'installation de la Municipalité on lit: « Procédant à l'appel nominal de nouveaux maire, procureur de la Commune, substitut, officiers, municipaux et notables, il ne s'est trouvé présents que les citoyens Testé, Goullin, notables, et Barre, substitut du procureur de la Commune, partie des membres n'ayant pas reçu leurs billets de convocation ou se trouvant en expédition militaire. » Goullin était parfaitement instruit de l'heure de la séance, et il n'était point en expédition militaire.

Goullin, vivant dans l'intimité des représentants avec son ami Chaux, qui, lui aussi, avait suivi Philippeaux dans sa mission, en qualité de secrétaire, ne pouvait se contenter des modestes fonctions de notable de la Municipalité. La loi du 17 septembre 1793, dite

[1] Les deux arrêtés sont datés du 10 octobre 1793; ils furent notifiés le même jour, par Philippeaux et Méaulle au Conseil de Département, et par Gillet et Ruelle au Conseil général de la Commune. Registres de ces Administrations, à la date. (Arch. municip. et départ.)

Loi des suspects, avait démesurément accru les attributions des Comités de surveillance, et l'exercice de ces attributions tenta Goullin et Chaux. A l'exception de Bachelier qui n'était point gênant à cause de sa faiblesse, et qu'ils conservèrent avec eux, tous les membres du Comité de surveillance du 29 septembre furent envoyés dans des postes administratifs, et Goudet qui avait quelque importance fut réservé pour le poste d'accusateur public, devenu vacant par la mise en arrestation de Villenave [1]. L'arrêté instituant le nouveau comité fut signé par Gillet et Ruelle, le 11 octobre 1793, et l'installation eut lieu le même jour. Chaux était un ami, Bachelier ne pouvait être qu'un collaborateur docile; les autres membres étaient des nullités. Goullin avait ainsi le Comité dans la main.

Ces citoyens, d'après le dire de Minée, l'ancien évêque constitutionnel, devenu plus tard président du Département, étaient bien famés dans la Société populaire [2], mais des témoins, plus dignes d'être écoutés, ont assuré que « les citoyens estimables, en voyant le Comité ne se former que d'hommes immoraux et réprouvés par l'opinion publique, avaient prévu d'avance tous les maux dont Nantes fut depuis accablée [3]. » Les pouvoirs des Comités révolutionnaires, tels qu'ils étaient reconnus par la loi, com-

[1] Villenave fut emprisonné aux Saintes-Claires, le 10 septembre 1793. Registre d'écrou, f° 71.

[2] *Bull. du Trib. révol.*, VI, 327.

[3] *Eod.*, VII, n° 13, p. 50. Dép. d'Alexis Mosneron.

portaient en effet l'exercice de l'arbitraire le plus exorbitant. Ces comités étaient « chargés de dresser la liste des gens suspects, de décerner contre eux les mandats d'arrêts, et de faire apposer les scellés sur leurs papiers. Les commandants de la force publique, à qui étaient remis ces mandats, étaient tenus de les mettre à exécution sur le champ, sous peine de destitution [1]. »

Les catégories de suspects étaient si nombreuses, qu'aucun citoyen, si petit ou si grand qu'il fût, s'il n'était pas Représentant du peuple, ne pouvait se flatter de n'y être pas compris.

C'est Goullin, le fait est notoire, qui a mené le Comité; « je ne l'ai présidé que rarement, dit Bachelier, c'est Goullin qui était le dominateur, et l'un des chefs d'accusation qu'on peut porter contre Carrier, c'est d'avoir placé dans le Comité un homme qui l'influençait, le despotisait, le tenait sous la verge de fer du Représentant [2]. » Il eût été plus exact de dire que Carrier avait laissé Goullin dans le Comité, car ce n'était pas Carrier qui l'y avait mis; mais le témoignage de Bachelier est presque inutile, en présence de l'aveu fait par Goullin lui-même : « J'avoue de bonne foi que c'est moi qui conduisais presque tous les travaux du Comité [3].... Je ne puis dissimuler, dit-il ailleurs, que j'en étais l'agent prin-

[1] Art. 3 de la loi du 17 sept. 1793. Duverg., *Collect. de lois*, VI, 172.

[2] *Bullet. du Trib. révol.*, VI, 279 et 338.

[3] *Eod.*, VI, 360.

cipal[1]. » Ce serait une exagération de prétendre avec Carrier que « Goullin et Chaux ont été les auteurs de toutes les injustices par lui commises[2], » mais la suite de ce récit montrera que Goullin agit souvent par lui-même d'une façon non moins cruelle que Carrier. Chaux, qui avait bien quelques raisons de ne pas trop charger son camarade, est allé jusqu'à dire aux juges : « Goullin vous paraît couvert de crimes, Goullin vous paraît un monstre » ; ce qui était parfaitement vrai, quoiqu'il ne tînt ce propos que pour l'excuser, en ajoutant : « Si Carrier paraissait ici, vous auriez de l'indulgence pour Goullin[3] ».

[1] *Bullet. du Trib. révol.*, VI, N° 100, 399.

[2] Paroles de Carrier répétées par le témoin Mosneron, *eod.*, VII, 52.

[3] *Eod.*, VI, 339.

CHAPITRE III

Le club de la Halle. — Opinion des membres de ce club. — La fermeture en est ordonnée par les Représentants. — Nombreuses arrestations. — L'établissement d'une compagnie révolutionnaire proposé par le Comité. — Propositions de grandes mesures contre les prisonniers. — Menaces de fusillades. — Arrivée de Carrier à Nantes. — Formation de la compagnie Marat. — Tentative de divers habitants pour quitter Nantes. — Augmentation de la solde des gardes nationaux. — Motifs futiles des arrestations. — Conspiration du 22 brumaire an II. — Arrestation des habitants désignés plus tard sous le nom de Cent trente-deux Nantais. — Mesures prises à leur égard. — Leur envoi à Paris pour y être jugés par le Tribunal révolutionnaire. — Ignorance de Carrier des causes de cet envoi. — Absence de pièces de conviction contre ces accusés. — Correspondance à ce sujet de Fouquier-Tinville avec les membres du Comité révolutionnaire de Nantes et avec Carrier. — Conduite de Goullin dans cette affaire.

Le premier soin de toute tyrannie qui se fonde est de bâillonner ses adversaires. Les membres du club de la Halle avaient combattu l'insurrection vendéenne, applaudi à la mort du roi, abjuré le fédéralisme, et adhéré chaudement à toutes les mesures de persécution contre le clergé réfractaire, et ils les avaient même souvent provoquées. Cette société contenait néanmoins quelques hommes intelligents et énergiques, que le Comité présumait devoir être peu disposés à approuver la terrible proposition de la Commune de Paris, que la Convention s'était appropriée : « Plaçons la Terreur à l'ordre du jour[1]. » Influents dans un centre où leur opposition aurait pu recruter des adhérents, ces hommes effrayaient Goullin et ses collègues, qui trouvèrent plus commode de les disperser d'abord et de les proscrire ensuite. Un arrêté fut demandé aux Représentants, et, dans sa seconde séance, tenue le 12 octobre 1793, le Comité envoya un de ses membres au club de la Halle pour en opérer la fermeture. Le lendemain, les diverses *chambres de lecture* furent également fermées[2].

Ainsi, dès le 13 octobre 1793, le silence régnait à Nantes, et le Comité n'avait à craindre aucune contradiction. Les arrestations devinrent plus nombreuses ; le 17 octobre, des agents reçurent une mission à ce sujet, « d'après les pouvoirs illimités dont étaient chargés les membres du Comité[3] ». Le 14 octobre le Comité, ayant reconnu son impuissance à faire exécuter par des commissaires de police toutes les arrestations qu'il projetait, avait chargé Chaux et Goullin d'aller se concerter avec les Représentants pour la création d'une compagnie attachée au Comité; idée première de cet abominable corps qui devait, peu après, s'appeler la compagnie Marat.

Les divers édifices transformés en prisons étant in-

[1] Séance du 5 sept. 1793, *Moniteur* du 8.

[2] Voir le *Compte rendu du Comité révolutionnaire* au District, reproduit par Mellinet. *La Commune et la Milice de Nantes,* t. VIII, p. 399, et registre du Comité, f° 3.

[3] Pouvoirs donnés à Nicolas Davert, pièce signée : Goullin et Chaux, 26e jour du premier mois. Pièce originale. (Arch. Nationales, W, 493.)

suffisants pour contenir les détenus, on voit poindre dès ce moment les dispositions à rechercher le prétexte de grandes mesures propres à diminuer leur nombre, et des bruits de conspirations commencent à être répandus, le jour même où Carrier arrive à Nantes. Le témoin Gicqueau dit que, « le 28 du premier mois (19 octobre 1793), le président du Département somma le représentant Gillet, *au nom du Comité*, de sauver la ville de Nantes... en prenant avec ses collègues un parti décisif[1]. » Les prisonniers du Bouffay étaient accusés d'avoir dit qu'il était inutile de leur tremper la soupe, parce qu'ils seraient libres le lendemain ; et, sur ce soupçon, le Comité envoie un de ses membres « annoncer aux prisonniers qu'ils seront fusillés sur l'heure, s'ils n'avouent qui a pu leur donner des renseignements capables de nourrir l'espoir dont ils se flattent[2]. »

Cette menace de fusillade, écrite en toutes lettres sur le registre du Comité, demeura à l'état de menace, mais elle montre clairement quelle sorte de parti avait en vue le Comité, quand il proposait de prendre un *parti décisif* contre les prisonniers.

Le Comité pouvait tout oser dès ce moment, mais, pour tout faire, il lui fallait des aides ; il obtint, peu après, la formation de la compagnie qu'il avait demandée. « La compagnie créée sur *les demandes* du Comité révolutionnaire le fut sous le nom de

[1] *Bullet. du Trib. révol.*, VI, 363, et VII, 58.

[2] Procès-verb. du Comité, du 19 octobre 1793, f° 7. (Arch. du Greffe).

Compagnie Révolutionnaire, mais ses membres préférèrent porter le nom de Marat, cet ami vrai et constant du peuple..... aussi avaient-ils, par la commission qu'ils tenaient des représentants du peuple, le droit d'incarcérer d'eux-mêmes, et cela était bien essentiel dans les premiers moments de leur établissement, pour que rien ne ralentît leur zèle. En révolution, il vaut mieux que dix patriotes aient à souffrir d'une erreur involontaire que de voir échapper un seul conspirateur [1]. »

L'arrêté du 7 brumaire an II (28 octobre 1793), par lequel Carrier et Francastel « approuvèrent et confirmèrent la Compagnie révolutionnaire telle qu'elle était organisée », est le premier de la série des arrêtés terroristes qui portent la signature de Carrier [2].

Le Comité avait, la veille, demandé au directeur du Séminaire de laisser s'assembler dans le réfectoire de sa maison la compagnie dite des *Brutus* [3]. Cette compagnie se composait de quarante membres, selon les uns, de soixante, selon d'autres. « Goullin, lors de sa formation, opinait hautement pour que les plus scélérats y fussent admis, et, à chaque nomination, il demandait : N'y en a-t-il pas un plus scélérat ? car il nous faut des hommes de cette espèce pour mettre les aristocrates à la raison [4]. » Un menuisier,

[1] *Compte rendu du Comité révolut. au district,* déjà cité. Mellinet. T. VIII, p. 403.

[2] *Pièces remises à la Commission des Vingt et un,* p. 50.

[3] Procès-verb. du Comité, f° 15.

[4] *Bullet. du Trib. rév.*, VI, 235, Phelippes, et 240, Naud.

membre de cette compagnie, a raconté qu'il fut, avec ses camarades, conduit chez Carrier par Goullin et par Chaux, où le représentant leur promit qu'ils seraient bien payés, et que l'état-major fut nommé à l'élection dans l'église Saint-Pierre » où s'étaient rassemblés les membres de la Compagnie [1]. Le procès-verbal de la séance dans laquelle ces mêmes membres prétèrent « serment de mort aux royalistes, aux fanatiques, aux muscadins, aux feuillants, aux modérés, » et adoptèrent pour leur patron, aux applaudissements du Comité, le « véritable ami du peuple », est signé Bachelier, Grandmaison et Goullin [2]. Bien que la plupart des soldats de cette compagnie fussent sortis de la Société populaire de Vincent-la-Montagne, cette Société fit paraître, durant le procès, une protestation indignée contre le bruit qui avait couru que la Compagnie Marat avait prêté ce serment à l'une de ses séances. Visant les membres du Comité et de la Compagnie Marat, la protestation se termine ainsi : « Leurs œuvres sont à eux, et ce serait en vain qu'ils voudraient compromettre, dans leurs déclarations, une masse d'hommes purs et vertueux qui n'ont appris qu'en frémissant d'horreur, les crimes qui se dévoilent aujourd'hui [3]. »

Goullin, et cela montre la valeur de ses affirmations, n'en persista pas moins à soutenir, à diverses reprises, que le représentant Carrier, qui seul avait

[1] *Bullet. du Trib. rév.*, VI, 340 et 290.
[2] *Eod.*, VI, 365.
[3] *Eod.*, VI, 331.

créé la Compagnie Marat [1], devait seul répondre de ses actes. La vérité est que Carrier, pour récompenser la compagnie Marat de l'exactitude avec laquelle elle avait accompli les ordres qu'on lui avait donnés, « accorda à chaque individu, membre de ladite compagnie, dix livres par jour pour favoriser les besoins de chaque individu » et « subordonna entièrement ses opérations à la surveillance du Comité [2]. »

Ces façons d'agir n'étaient nullement rassurantes, et ceux des citoyens qui pouvaient ouvertement, par quelque prétexte plausible, motiver leur départ de Nantes, essayèrent de prendre passage sur des navires en partance. Comme les citoyens capables de former un pareil projet n'étaient pas les moins riches, et que ce qu'ils emporteraient avec eux serait autant de moins pour les pillages commencés, le Comité décida, le 15 brumaire (5 novembre 1793), « que les représentants du peuple seraient invités à mettre embargo provisoire sur tous les navires prêts à partir, afin qu'il soit fait une visite exacte de tous les effets que récèlent ces bâtiments [3]. » Le même jour, le Comité décrétait « l'incarcération de tous les gens d'esprit que l'opinion désigne comme suspects [4]. » Afin d'intéresser la garde nationale à toutes ces mesures, le Comité, qui n'avait aucun droit de s'ingérer dans les

[1] *Eod.*, VI, 240 et 278.

[2] Arrêtés des 30 brumaire et 8 frimaire an II. (*Pièces remises à la Commission des Vingt et un,* p. 51.)

[3] Procès-verbaux du Comité, f° 24 et suiv., signés Goullin, secrét.

[4] *Ibidem.*

questions militaires, décida que les citoyens, les jours de garde, recevraient une augmentation de paye qui porterait à trois livres le prix de leur journée [1].

Lorsque le Comité daigne à cette époque mentionner le motif d'une arrestation, ce motif est toujours futile et souvent ridicule. C'est, par exemple, le curé constitutionnel de Saint-Similien « qui s'est présenté revêtu de quelques débris de la livrée sacerdotale. » (15 brumaire). C'est le citoyen Hervieux qui a mis sa domestique à la porte, parce qu'elle était patriote, alors que lui-même a, jadis, été employé dans les fermes; nous savons que Goullin n'aimait pas les anciens collecteurs d'impôts. On envoie au Bon-Pasteur une maîtresse d'école parce qu'on a trouvé chez elle 1,628 liv. 8 sous et 3 deniers (17 brumaire). On peut relever sur le procès-verbal de la séance du 18 brumaire cette phrase : « La fille Descarsin soupçonnée d'intelligence avec son père. » « Dès le moment de l'installation du Comité les arrestations furent des plus multipliées; elles étaient toutes dictées par la haine et l'animosité, et portées à tel point que tout le monde tremblait pour sa tête [2]. »

Sans doute, le représentant Carrier approuvait tout cela, mais, nouveau venu à Nantes où il ne connaissait personne, pourvu que la terreur fût à l'ordre du jour, il laissait au Comité le soin de désigner les suspects. Ces suspects étaient, au dire de

[1] Procès-verb. du Comité.

[2] Dép. de Binet, commandant à Nantes. *Bull. du Trib. rév.*, VI, n° 97, 400.

Proust, — le seul des membres du Comité qui méritât quelque considération, — ceux qui avaient eu le malheur de déplaire à Goullin, à Chaux ou bien à Bachelier. Goullin, ajoute-t-il, était le rédacteur ordinaire du Comité, et chargé de recueillir les signatures [1].

Le Comité révolutionnaire pourtant n'avait encore fait que peloter en attendant partie. Il rêvait de se débarrasser d'un seul coup de tous les patriotes tièdes, anciens membres du club de la Halle, dont le crime était moins leur tiédeur que leur influence dans la cité, et sur lesquels l'accusation de royalisme ne pouvait avoir aucune prise. « Les membres du Comité, dit M. Guépin, ne pouvaient oublier la séance du 5 juillet, les actes des girondins et les marques de mépris qu'ils en avaient reçues; quelques-uns d'ailleurs convoitaient leur fortune; aussi profitèrent-ils de leur puissance pour se venger [2]. » Les traduire devant les tribunaux était impossible dans une ville où de nombreux citoyens leurs amis seraient venus témoigner de leur patriotisme; pour les arrêter même il fallait un prétexte. La prétendue découverte d'une conspiration fournira ce prétexte, que l'on invoquera pour arrêter en même temps une centaine d'habitants, plus ou moins suspects d'aristocratie à cause de leur nom ou de leur fortune, et, les arrestations faites, les uns comme les autres seront expédiés à Paris.

« C'est Goullin, Chaux et Carrier avec ses acolytes

[1] *Bullet. du Trib. révol.*, VI, n° 98, 402.

[2] Histoire de Nantes, in-8°, 1839, p. 459.

qui inventèrent la ruse infernale de la conspiration du 22 brumaire pour faire périr les Nantais [1]. » Il se pourrait aussi que Goudet y fût pour quelque chose, car il s'est vanté d'avoir trouvé ce moyen « pour pincer les riches [2] » ; en tout cas, on trouve sur le registre du Comité la trace de plusieurs mesures préparatoires, telles que le désarmement de prétendus suspects opéré plusieurs jours auparavant, et la remise de listes d'arrestations aux Commissaires dits bienveillants [3]. Voici comment, d'après une lettre insérée au *Moniteur* du 1er frimaire, les choses se seraient passées : « Nantes, le 22 brumaire (12 novembre 1793). Ce matin on a battu la générale pour prévenir un complot qu'on a découvert ; il ne s'agissait rien moins que d'égorger les Représentants du peuple qui sont ici, et toutes les autorités constituées ; mais, grâce aux bons patriotes qui dominent toujours dans notre ville, ce complot a été déjoué. On a braqué du canon sur plusieurs places et arrêté beaucoup d'individus soupçonnés d'avoir conspiré contre la ville. »

Le complot n'existait que dans l'esprit de ceux qui l'avaient inventé, et l'accusation était tellement vague, que l'on peut affirmer qu'il ne fut pas libellé une seule pièce contenant l'accusation d'un fait précis de conspiration contre un seul des individus arrêtés.

Plusieurs réunions des diverses autorités avaient eu

[1] *Bullet. du Trib. révol.* Déposit. de Pierre Fournier, VI, 282.
[2] *Eod.*, VI, 320. — Voir aussi la déposition de Jomard, VI, 350.
[3] Déposit. de Sarradin, *eod.*, VI, 311.

lieu pour former la liste des individus qui devaient être arrêtés; et, malgré la confusion qui règne dans les dépositions de Minée, on finit par y découvrir que, pour dresser la liste des prétendus conspirateurs, on prit d'abord un almanach et ensuite les registres de la Municipalité [1].

Une déclaration fort longue de Forget, concierge de la prison des Saintes-Claires, faite à la Municipalité le 2 messidor an II, longtemps avant le procès des membres du Comité, montre que Goullin et Chaux jouèrent le principal rôle dans les diverses réunions où l'on décida du choix des gens à envoyer à Paris. « Je me retirai de l'une de ces réunions, indigné, dit-il, de la légèreté et de la partialité qu'on mettait dans l'envoi des prisonniers à Paris...... Convaincu que plusieurs n'étaient incarcérés que par des motifs de vengeance personnelle, je crus devoir aller au Comité réclamer entre autres Thébaud. Je savais que le principal motif de son arrestation était le refus qu'il avait fait à Chaux de lui livrer une partie de sirop qu'il ne lui avait vendue autrement que l'argent sur la balance. Je réclamai aussi Pantin et Fleuriot, d'Ancenis, par la raison que le Tribunal révolutionnaire les avait acquittés juridiquement du fait dont le Comité les accusait. Chaux, Goullin et Grandmaison me répondirent qu'ils étaient de f... nobles et que cela suffisait pour les envoyer à Paris [2]. »

D'autres arrestations eurent lieu dans les jours qui

[1] *Bullet. du Trib. révol.*, VI, 326.
[2] Registre des Déclarations, N° 97 (Archives municip.)

suivirent. Le long arrêté, signé Grandmaison et Goullin, qui organisa le voyage de ces malheureux, témoigne de l'importance que le Comité attachait à leur éloignement de Nantes. D'après cet arrêté ils devaient être, à leur arrivée à Paris, envoyés à la prison de l'Abbaye, après que le Comité de sûreté générale aurait été prévenu de leur arrivée (art. 4). Ils étaient avertis « que s'ils faisaient le moindre mouvement pour s'enfuir, ils seraient fusillés et leurs biens confisqués. *Cet ordre sera exécuté irrémissiblement* (art. 7). [1] » Carrier approuva cet arrêté, et les Nantais, qui étaient à un certain moment au nombre de cent trente deux, et plus tard un peu plus nombreux, partirent de Nantes le 7 frimaire an II (27 novembre 1793). Par une décision particulière, non comprise dans l'arrêté, on devait, à Oudon, leur enlever leur argent et leurs assignats, et les verser dans la caisse du Commissaire trésorier civil attaché au convoi [2]. « Réquisition fut adressée à la municipalité de ne pas délivrer de passe-ports aux femmes des prisonniers d'Etat, jusqu'à deux décades et plus [3]. » Carrier se fera plus tard un mérite d'avoir détruit l'effet de cette réquisition, en « autorisant, contre le vœu du Comité, les femmes à accompagner leurs maris dans la route, pour leur fournir tous les secours et l'argent dont ils

[1] Le texte entier de l'arrêté fait partie des *Pièces remises à la Commission des Vingt et un*, p. 53-55.

[2] *Registre du Comité*, séance du 6 frimaire an II, 26 novembre 1793 (*Archives du Greffe*).

[3] *Eod.*, séance du 7 frimaire.

pourraient avoir besoin dans leur état de détention [1]. » Quelques femmes réussirent en effet à obtenir des passe-ports.

Goullin et ses collègues espéraient ne jamais revoir les proscrits, soit qu'ils eussent lieu de penser que ceux-ci seraient massacrés en route, soit que les recommandations au Tribunal Révolutionnaire de Paris dussent assurer leur condamnation par ce tribunal. Goullin et Chaux croyaient si bien qu'ils seraient massacrés, qu'ils disaient ouvertement qu'ils n'iraient point jusqu'à Paris [2]. Il fallut le concours de plusieurs circonstances extraordinaires, pour que cent vingt d'entre eux, que la fatigue et la maladie avaient épargnés, arrivassent à Paris ; car le soin qu'avait eu le Comité de les signaler comme des complices des brigands de la Vendée, les exposait à toutes les violences dans les villes qu'on leur faisait traverser. « Si nous les avons indiqués, dit Goullin, comme brigands de la Vendée, c'est que nous regardions plusieurs des accusés comme complices avec ces brigands, et ayant servi même sous leurs étendards [3]. » Plusieurs des accusés étaient certainement sympathiques aux Vendéens, mais il y en avait d'autres, et en assez grand nombre, qui avaient combattu les rebelles les armes à la main, et les avaient pour-

[1] *Bull. du Trib. Révol.*, Procès des Nantais, VI, 93.

[2] *Registre des Déclarations*, Mainguet, n° 124. — *Bull. du Trib. Rév.*, VI, Badeau, 320 ; Bonamy, 298 ; Forget, 294. — *Pièces remises à la Comm. des Vingt et un*, p. 20.

[3] *Bull. du Trib. Rév.* Procès des Cent trente-deux Nantais, VI, 83 (46 erronné).

suivis devant les tribunaux. Cette qualification perfide de soldats vendéens les suivit néanmoins jusqu'à Paris. On lit dans un journal, sous le titre : *Nouvelles de Paris,* du 16 nivôse an II (5 janvier 1794) : « Nous avons vu arriver aujourd'hui cent vingt prisonniers faits sur l'armée fanatique de la Vendée. Ils sont actuellement dans les prisons de cette capitale, et l'on s'attend à les voir paraître incessamment au Tribunal Révolutionnaire [1]. »

On comprend difficilement que Bachelier ait osé soutenir que le Comité avait seulement eu l'intention d'envoyer les Nantais au Comité de sûreté générale « pour qu'il en tirât des renseignements précieux. » En expédiant les Nantais de la façon qui vient d'être dite, le Comité révolutionnaire faisait tout ce qu'il était en son pouvoir de faire pour leur nuire, et il est certain que le Tribunal Révolutionnaire de Paris devait, dans les intentions du Comité, avoir raison de ceux que les dangers de la route auraient épargnés. Le compte rendu du Comité, du 14 nivôse, le dit en propres termes : « Il (le Comité) sentit la nécessité d'obtenir un prompt jugement qui frappât définitivement les auteurs du fédéralisme à Nantes ; en conséquence on arrêta que les Dorvo, etc., iraient rejoindre à Paris les Baco, etc. [2] » Goullin, dans sa confronta-

[1] *Courrier Républicain,* n° du 17 nivôse an II, p. 27. — « On disait à Paris qu'ils seraient fusillés sur le Champ-de-Mars. » Beaulieu, *Essais historiques sur les causes et les effets de la Révolution française,* t. VI, p. 105.

[2] Compte rendu du Comité, *La Commune et la Milice de Nantes,* VIII, 402. Voir aussi la Dép. de Bachelier, procès

tion avec les Nantais, lorsqu'il déposa comme témoin dans leur procès, prétendit d'ailleurs que la recommandation du Comité, relative aux Nantais, « d'expédier promptement, » recommandation à laquelle on donnait à tort une signification sinistre, voulait dire seulement qu'il fallait s'occuper promptement du jugement des accusés [1]. Il n'est pas douteux que le retard apporté au renvoi des Nantais devant le Tribunal Révolutionnaire de Paris n'eut pas d'autre cause que l'insuffisance et le défaut de précision des charges de la dénonciation. Fouquier-Tinville [2] voulut donner à son réquisitoire une base plus sérieuse que la lettre adressée par le Comité révolutionnaire de Nantes à celui de la Section Lepelletier à Paris, le 5 pluviôse an II (24 janvier 1794), où se trouvaient des phrases comme celle-ci : « Les Nantais, par nous envoyés à Paris, sont de gros coquins, tous marqués du sceau de la réprobation et connus par leurs manœuvres contre-révolutionnaires [3]. »

A la fin de janvier on crut devoir s'adresser à Carrier pour obtenir des renseignements sur l'affaire, et, ce qui montre bien que celui-ci avait signé de confiance

des Nantais; il soutint que les corps administratifs avaient coopéré à la traduction des Nantais au Tribunal Révolutionnaire. *Bull. du Trib. Rév.*, VI, 98. — Le Comité, dit Carrier, parla de les traduire au Tribunal Révolutionnaire (même procès, VI, 93).

[1] Procès des Nantais, *Bull. du Trib. Rév.*, VI, 83.

[2] Procès de Fouquier-Tinville. *Hist. parlementaire de la Rév.*, de Buchez, XXXIV, 259, 414.

[3] Lettre mentionnée aux débats du procès. *Bull. du Trib. Rév.*, VI, 358 ; lettre infâme, dit Villenave dans son *Plaidoyer*, p. 44.

l'arrêté pris par le Comité au moment du départ des Nantais, c'est l'ordre qu'il donna à ce même Comité, le 11 pluviôse an II (30 janvier 1794), de lui envoyer sans délai les motifs des arrestations de tous les individus suspects envoyés à Paris [1]. » Carrier se montra patient, car on trouve sur le registre du Comité, un mois plus tard, une mention ainsi conçue : « Lettre de Carrier en date du 6 ventôse, qui nous demande les motifs d'arrestation des détenus envoyés à Paris, afin qu'il les transmette de suite à l'accusateur public, qui les réclame à grands cris. » Quelques femmes de détenus ayant réussi à se faire délivrer des passe-ports pour Paris, la présence à Paris de personnes capables de faire découvrir la vérité par leurs sollicitations, sembla un danger qu'il fallait empêcher, et le 11 germinal an II (31 mars 1794), le Comité écrivait à la Municipalité de Nantes, de ne plus délivrer de passeports aux femmes des détenus de Paris [2]. Les sollicitations de ces femmes les exposaient à tous les périls : Carrier avait, à Paris, menacé l'une d'entre elles de la faire arrêter [3].

Goullin et Chaux, durant un séjour à Paris dont il sera bientôt parlé, avaient eu toutes facilités pour renseigner l'accusateur public, mais ils s'en étaient si peu souciés que, le 27 floréal (16 mai 1794), Fouquier Tinville attendait encore les documents demandés.

[1] *Registre du Comité,* fº 128.

[2] Second *Registre du Comité,* fº 18.

[3] Dép. de Mme Pineau du Pavillon, *Bull. du Trib. Rév.,* VI, 294.

Ce jour-là même, en effet, les membres du Comité lui adressaient une lettre qui, résumée dans le *Bulletin du Tribunal Révolutionnaire,* commence par cette phrase : « Nous demander des pièces de conviction contre les Nantais traduits à votre tribunal, des charges plus concluantes, des faits plus précis contre des gens aussi évidemment coupables, c'est vouloir nous réduire à l'impossible, c'est vouloir ralentir les mesures révolutionnaires, etc. [1]. »

Gaullier, membre obscur du Comité, avait signé cette lettre, « comme mille autres qui ont pu lui être présentées, » dit-il, pour sa défense ; il aurait dû ajouter qu'elle avait été rédigée par Goullin, car le brouillon, beaucoup plus étendu que le texte donné par le *Bulletin,* en existe encore aux archives départementales, tout entier de la main de ce dernier :

« *A l'Accusateur public du Tribunal Révolutionnaire, à Paris, le Comité révolutionnaire de Nantes.*

« Intrépide Camarade,

« Les mesures révolutionnaires seules peuvent asseoir la Révolution. Voilà nos principes et, sans doute, les tiens. Exiger des faisceaux de preuves matérielles, contre des gens intimement jugés suspects, c'est vou-

[1] *Bull.,* VI, 358. — Le brouillon n'est pas daté, et, d'après le *Bulletin,* cette lettre serait du 19 prairial (7 juin 1794), date évidemment erronée, puisqu'à ce moment le Comité avait assez de se défendre, sans accuser les autres ; la lettre est du 27 floréal (16 mai), puisque, à cette date, on lit sur le procès-verbal du Comité : « Lettre à l'accusateur public, à Paris, demandant des pièces et renseignements. »

loir à peu près l'impossible, c'est ne pas se reporter à l'époque désastreuse où nous avons agi, c'est enfin, il nous semble, risquer de ralentir le cours de la Révolution. Eh! quoi! quelques faits positifs, beaucoup de bruits publics, des témoins à l'appui, tu ne traites cela que de notes et tu réclames en outre des pièces! Franchement, nous n'entendons rien à cette distinction. Veuille donc nous éclairer mieux sur l'objet de ta demande.

« L'art. 3 de la loi du 17 septembre 1793, relative aux gens suspects, porte : « Les Comités révolutionnaires sont chargés de donner, chacun dans leur arrondissement, la liste des gens suspects, et de décerner contre eux les mandats d'arrêt. » Commis à l'exécution de cette loi, nous en avons rempli le but avec réflexion et fermeté. Avons-nous été au delà en exportant les coupables? Mais notre excuse est dans notre position. Entourés de brigands, au centre de la plus affreuse des guerres civiles, c'était bien assez d'avoir des traîtres à nos portes, tels furent les motifs qui nous déterminèrent à leur déportation, après avoir pesé les circonstances. Nous avons fait plus; désirant mettre nos démarches à l'abri de tout soupçon, craignant d'avoir atteint un seul innocent, nous appelâmes hautement la censure de la Société populaire sur nos jugements, et de cet appel au peuple, résulta l'arrêté dont nous t'envoyons copie. Tu y liras que pas une voix n'osa s'élever en faveur de ceux que notre juste discernement avait frappés. Voilà le tableau de notre conduite ; maintenant voici notre avis : Si les preuves citées, et dont tu es dépositaire, paraissent trop vagues au Tribunal Révolutionnaire pour asseoir un jugement certain, les coupables alors rentrent sous la férule de la Société populaire et, dans ce cas, ton devoir, nous le pensons, te prescrit de lui transmettre nos notes, afin qu'elle puisse prononcer en hâte, et nous débarrasser de cette dégoûtante et minutieuse besogne. »

Des cent trente-sept proscrits, cent environ, à ce moment, étaient encore vivants; les autres étaient morts de misère, et Goullin s'indignait des hésitations de Fouquier-Tinville à livrer au bourreau des gens qu'il n'avait pas osé faire juger à Nantes! Avait-il le pressentiment que ces hommes s'élèveraient un jour contre lui et révèleraient ses crimes? Quoi qu'il en soit, les atermoiements de Fouquier-Tinville furent le salut des Nantais; et les efforts de Goullin pour les perdre, n'ont eu d'autre résultat que de procurer à l'accusateur public de Paris la chance inespérée de rencontrer, dans son odieuse carrière, un montagnard plus passionné, plus injuste et plus cruel que lui.

Bien d'autres circonstances inconnues seraient à relever dans l'affaire des Nantais; il y aurait à étudier, notamment, les causes du retour de quelques-uns d'entre eux, qui furent ramenés d'Angers, après avoir réfléchi sur la portée de ces paroles que Naud leur avait adressées la veille de leur départ: « C'est aujourd'hui la guerre des gueux contre les riches [1]. » Cet

[1] Procès des Nantais, *Bull. du Trib. Rév.*, VI, 98.

incident mériterait de devenir l'objet d'une monographie spéciale ; car je n'ai guère rapporté que les faits qui m'ont paru être directement imputables à Goullin.

CHAPITRE IV

Le Comité révolutionnaire responsable des actes de la Compagnie Marat. — Encombrement des prisons. — Rationnement des prisonniers. — La disette à Nantes. — La contagion dans la prison des Saintes-Claires. — La destruction des prisonniers entrevue comme un remède à la disette et à la contagion. — Goullin et les prêtres échappés à la noyade. — Nouvelle d'un retour offensif de l'armée vendéenne. — Conspiration du Bouffay. — Son véritable caractère. — Préparation de listes de victimes. — Goullin pendant la nuit du 14 frimaire an II. — Ordre de fusillade. — Résistance de Boivin. — Nouvelles propositions de détruire les prisonniers en masse, dans la nuit du 15 frimaire. — Préparatifs d'une noyade empêchée par le président Phelippes.

Je reprends mon récit en suivant l'ordre des temps, et je reviens aux premiers jours de frimaire.

Les Nantais sont partis le 7 de ce mois, et depuis le jour de la conspiration du 22 brumaire, prétexte de leur arrestation, la Compagnie Marat s'en est donné à l'aise avec les visites domiciliaires et les scellés complaisants. L'art. 3 de l'arrêté conférait aux membres de cette Compagnie le droit de se saisir des armes, des munitions et subsistances extraordinaires trouvées chez les individus qu'ils étaient chargés d'emmener ; ils devaient même, « en scellant les appartements, ne laisser que le plus étroit logement aux femmes, enfants et domestiques des personnes arrêtées » ; vexation odieuse imposée aux familles innocentes de gens simplement présumés suspects et contre lesquels n'existait aucune accusation précise. Le zèle de la Compagnie Marat parut, à Carrier lui-même, devoir être contenu, et, le 8 frimaire an II (28 novembre), il prit un arrêté, dont il a été déjà dit un mot, par lequel « *il subordonnait entièrement* à la surveillance du Comité de surveillance les opérations de la Compagnie Marat [1]. » Rien ne peut donc atténuer la responsabilité du Comité dans les horreurs commises par cette bande de gredins, payés dix livres par jour pour mettre les aristocrates à la raison, puisque ses actes antérieurs au 8 frimaire ont reçu, dans le *Compte rendu* publié par le Comité, une pleine et complète approbation [2].

Carrier n'était pas seulement vicieux et cruel, il était aussi fort incapable ; il passait à Nantes la plus grande partie de son temps dans des plaisirs crapuleux, et son premier mouvement, quand on allait lui parler d'affaires, était un accès de fureur contre quiconque lui demandait avis sur un parti à prendre. En proie à une sorte d'effarement continu, il ne raisonnait sur quoi que ce fût, et, ne connaissant d'autre politique que la destruction de ses adversaires par les moyens violents, des ordres de mort et de massacre étaient sa réponse ordinaire à toutes les questions qu'on lui posait.

J'ai déjà dit que la ville de Nantes, où affluaient réfugiés et soldats, souffrait de la disette. Il y avait

[1] *Pièces remises à la Comm. des Vingt et un*, p. 51.

[2] *Compte rendu* par le Comité, 14 nivôse, an II ; *La Commune et la Milice de Nantes*, VIII.

de cette disette plusieurs causes naturelles, dont la Convention avait beaucoup accru les désastreux effets, en édictant, le 28 septembre 1793 [1], la loi du *maximum*, pour flatter les passions ignorantes du peuple, toujours disposé à imputer aux riches la rareté des subsistances. Les arrestations ordonnées sans mesure avaient à ce point rempli les prisons, qu'on était aussi embarrassé de placer les citoyens qu'on voulait arrêter que de nourrir les détenus. Depuis le 13 octobre 1793, la municipalité avait décidé, sur la proposition du Conseil des subsistances, que les détenus cesseraient de recevoir du pain, et qu'il serait accordé à chacun d'eux huit onces de riz par jour [2]. Les habitants faisaient queue à la porte des boulangers, et cette crise permanente des subsistances était devenue l'un des principaux soucis des autorités.

Le 13 frimaire an II (3 décembre 1793), le médecin de la prison des Saintes-Claires signala le danger, pour les quartiers environnants, de l'épidémie engendrée dans cette maison par l'excès de la population qu'on y avait entassée. Il n'est pas douteux, et les procès-verbaux en font foi, que les membres des Administrations se seraient prêtés à des mesures qui auraient atténué ce danger ; mais Carrier et ceux qui l'entouraient semblent n'avoir vu, dans cette double peur de la disette et de la contagion, qu'une circonstance favorable pour disposer les habitants à accepter

[1] Duvergier, t. VI, p. 193 ; voir aussi le décret du 4 mai 1793, t. V, p. 267.

[2] *Registre du Conseil de la Commune*, f° 6 (*Arch. municip.*)

sans horreur l'évacuation des prisons par des moyens plus expéditifs que les jugements du Tribunal révolutionnaire.

La Convention parlait sans cesse de la destruction des brigands ; or la plupart des prisonniers de Nantes étaient des brigands et, comme le disait Robin, les brigands mangeaient le pain des patriotes ; « ils avaient voulu détruire la République » ; ils menaçaient, en outre, de répandre la peste ; des gens aussi notoirement coupables n'avaient pas le droit de vivre, et il y aurait profit pour tout le monde, disait-on, à exercer sur eux la vengeance nationale.

Les auteurs des Journées de septembre, aurait-on pu ajouter, bien qu'on eût un instant méconnu leurs services, avaient-ils jamais perdu l'estime des Sans-culottes ? pourquoi les républicains de Nantes, exposés à plus de dangers que les Parisiens l'année précédente, auraient-ils plus de scrupules ? Quelques semaines auparavant, le Comité avait, malgré l'avis contraire du Département, fait transférer sur un navire une centaine de prêtres infirmes, dispensés de la déportation ; Carrier les avait fait noyer dans la nuit du 26 brumaire (16 novembre), à la suite d'une séance de la Société populaire de Vincent-la-Montagne dont le procès-verbal porte que : « chacun des assistants a manifesté son désir de voir exterminer le dernier des prêtres [1]. » Trois des prêtres noyés qui avaient surnagé avaient été recueillis par des marins,

[1] *Séance de la Société de Vincent-la-Montagne, du 26 brumaire an II;* in-4° de 8 p. Nantes, imp. Hérault. Cette pièce

et Goullin, regardant comme sa proie ces malheureux vieillards, avait enjoint avec menaces à leurs sauveteurs de les lui remettre. Les habitants de Nantes avaient accueilli cette nouvelle avec le silence de la terreur ; c'était un encouragement à oser davantage.

La conspiration du 22 brumaire avait trop bien réussi pour que l'on cherchât un moyen nouveau. Au 22 brumaire on avait supposé que certains habitants de la ville tramaient un complot liberticide, et on les avait arrêtés sous ce prétexte ; quand on voulut s'en prendre aux prisonniers, on accusa de même les prisonniers d'avoir formé une vaste conspiration pour égorger les patriotes. Deux événements fortuits, qui auraient dû seulement motiver quelques précautions particulières, allaient être exploités avec empressement.

Le 13 frimaire, on s'entretenait, à Nantes, du retour offensif que l'armée vendéenne avait fait sur la ville d'Angers ; cette nouvelle était de nature à surexciter les passions de la foule contre les brigands ; mais c'était une raison de plus pour protéger des gens qui, tant coupables qu'ils parussent être, étaient, par le fait même de leur détention, placés sous la protection des lois. L'autre événement fortuit fut la découverte, dans la même journée, d'un complot formé par six individus pour s'évader au moyen de fausses clefs de la prison du Bouffay. Le projet d'évasion était réel,

rarissime, qui fait partie de la collection de M. Lemeignen, avocat, est le monument le plus curieux de la haine révolutionnaire contre le clergé qu'il m'ait été donné de lire.

les clefs en étain avaient été trouvées, mais le dénonciateur, un voleur de profession, que les témoins s'accordent à présenter comme ayant été plus tard l'espion du Comité, avait perfidement mêlé à ce complot les prisonniers du Bouffay détenus comme suspects. Les membres du Comité firent, de cette tentative d'évasion, une vaste conspiration qui, se ramifiant dans toutes les prisons, menaçait d'incendie les édifices et de mort les patriotes.

On a parfois expliqué d'abominables résolutions par la soudaineté de l'annonce d'un grand danger; on ne saurait apporter une semblable explication pour les abominables propositions du Comité révolutionnaire de Nantes, car elles furent faites à un moment où la véritable consistance du complot du Bouffay était parfaitement connue, et elles furent reproduites quand les nouvelles d'Angers avaient cessé d'être inquiétantes.

Le Comité révolutionnaire reçut, dans la journée du 13 frimaire, la dénonciation de la tentative d'évasion des six prisonniers de droit commun; cette dénonciation ne visait que les six personnes qui y étaient dénommées. Le Conseil de Département, qui tint séance le soir, et reçut des communications de Forget sortant de la Société populaire de Vincent-la-Montagne, ne fut même point informé de l'événement qui aurait été le bruit du jour, s'il avait eu la portée qu'on lui donna plus tard. Le lendemain, le 14, Carrier vint au Département; il s'entretint avec les membres des diverses Administrations réunies, et le procès-verbal de la séance est muet sur le danger qui eût menacé pourtant chacun des membres de l'Assemblée.

Ce fut seulement quelques heures plus tard, dans la soirée du 14 frimaire, alors que les Corps administratifs se trouvaient de nouveau réunis, et, cette fois, avec les membres du Comité révolutionnaire, que ceux-ci « firent un rapport sur une conspiration qui avait eu lieu dans la maison de justice, et qui avait des ramifications dans toutes les maisons d'arrêt [1]. » Le président du Tribunal révolutionnaire, Phelippes, qui avait à peine fini de juger et de condamner à mort les six coupables, fut appelé à la réunion ; « il y déclara que l'instruction de la procédure l'avait convaincu qu'il n'y avait que les six condamnés de coupables [2]. » On discutait, au moment de son arrivée, « s'il n'y avait pas lieu de surseoir à l'exécution du jugement rendu, jusqu'à ce qu'il eût été décidé dans cette séance si, oui ou non, on ferait périr tous les prisonniers en masse [3]. » Phelippes soutint que rien ne pouvait arrêter le cours de la justice ; il se retira et les six condamnés furent exécutés aux flambeaux. La séance ne fut point suspendue à la suite de la déclaration de Phelippes ; « elle fut très-orageuse ; je la présidais, dit Minée, c'était une bac-

[1] *Noyades, fusillades*, par Phelippes Tronjolly, p. 16. *Mémoire du 12 fructidor, an II*, p. 10.

[2] Déclar. de Forget, *Registre des Déclarations, n° 97* (*Arch. municip.*).

[3] Phelippes, *Noyades, fusillades, loc. cit.*

chanale épouvantable... La proposition de faire périr les prisonniers en masse fut faite au moins dix fois... plusieurs membres du Comité l'ont faite, à ce qu'il croit. Il pense que ce fut Goullin. Toutes ces mesures sanguinaires étaient proposées par lui [1]. » « Ce fut moi qui fis la motion, dit Goullin, je ne le nie pas, de faire la liste des principaux coupables pour les faire fusiller [2]. » Carrier parla de la peste qui se déclarait dans les prisons et qui exposait les patriotes à périr, si l'on ménageait les brigands. Une sorte de jury, chargé de dresser la liste des prisonniers qui seraient fusillés, fut formé de membres empruntés à la Société populaire et à chacune des Administrations. Ce jury, dit Jury national, dut se rendre de suite au bureau du Comité pour travailler, sans désemparer, à la confection des listes [3]. Le maire Renard a déposé qu'il alla au Comité et qu'il y trouva Hubert, le dénonciateur, qui était l'objet d'égards particuliers. Il remarqua aussi Goullin et Robin, qui faisaient des listes [4].

Les membres de ce jury se séparèrent sans rien décider. Goullin a essayé de soutenir qu'ils avaient pris un arrêté conforme aux propositions faites dans l'assemblée qui les avait nommés, et que l'ordre de fusillade, qu'il signa avec deux membres du Comité, n'était que l'ordre d'exécuter une décision prise par

[1] *Bull. du Trib. rév.*, VI, 326-327.

[2] Papiers de Villenave, collection de M. G. Bord; *Notes du procès*, p. 522.

[3] Bachelier, *Mémoire pour les acquittés*, Angers, an III, p. 16.

[4] *Bull. du Trib. rév.*, VII, 6.

d'autres. Si un arrêté avait réellement été libellé par ce jury, Goullin n'aurait pas manqué de le viser dans l'ordre d'exécution qui lui fut représenté, et il n'aurait pas été réduit à balbutier qu'il ignorait absolument ce qu'était devenu cet arrêté [1].

Ce fut donc de sa propre autorité, mais avec la certitude d'avoir l'assentiment du représentant Carrier que, dans la nuit du 14 au 15 frimaire an II (4, 5 décembre 1793), Goullin signa l'ordre au général Boivin, commandant de la place, de se saisir des prisonniers portés sur une liste jointe à l'ordre, de leur lier les mains, et de les conduire à l'Éperonnière, pour les y fusiller tous indistinctement. La liste comprenait des prisonniers du Bouffay, des Saintes-Claires et de l'Éperonnière, au nombre d'environ trois cents [2]. On n'avait pas discuté la moralité des détenus de l'Éperonnière, qui devaient être fusillés en masse, au nombre d'une soixantaine [3].

Il était environ six heures du matin, le 15 frimaire lorsque Robin, Gautier, membre de la Compagnie Marat, et un nommé Couvreur [4], remirent au général Boivin le pli du Comité. Pendant ce temps Renard, le maire de Nantes, était avec Mainguet, membre du Comité, attablé dans un cabaret de la place des Gracques (ci-devant place Saint-Pierre), et à son re-

[1] *Bullet. du Tribun. révol.*, VI, n° 100, 1.

[2] Phelippes, *Noyades, fusillades,* p. 17. Mémoire du 12 fructidor an II, p. 11.

[3] Dépos. de Bachelier, *Bullet. du Trib. rév.*, VI, n° 100, 398.

[4] Compte rendu du procès, *Courrier républicain* du 15 frimaire an III, 286.

tour, Robin se joignit à eux pour boire du gloria [1]. Boivin, en recevant l'ordre de Goullin, avait énergiquement protesté contre son illégalité; il avait d'ailleurs reconnu que quelques-uns des prisonniers portés sur la liste n'avaient contre eux que des faits d'ivrognerie; il s'était rendu aussitôt chez Goullin, qu'il avait trouvé au lit, et il lui avait exposé sa ferme intention de ne pas exécuter l'ordre de fusillade. « Goullin — c'est Boivin qui parle — voulait qu'il le fût. Je prétextai que nous n'avions pas de troupes. Prends, me dit-il, de la garde nationale. Crois-tu, lui répliquai-je, qu'un père tuera son fils, un fils tuera son père ?... N'importe, répond Goullin, il faut que cela s'exécute. Je lui répondis que je n'en ferais rien et je me retirai [2]. »

La résistance de Boivin était connue quand plusieurs membres du Département lui envoyèrent un arrêté pour lui enjoindre de surseoir à l'ordre de Goullin, Grandmaison et Mainguet; toute tardive que fût cette démarche, le département avait quelque mérite à la faire, puisqu'elle excita la colère de Carrier.

Lorsque Goullin comparut, comme témoin à charge dans le procès des Nantais, le président lui demanda s'il avait eu connaissance de l'ordre de fusillade et s'il l'avait signé. Sa réponse donne la mesure de sa sincérité : « J'ai entendu parler, répon-

[1] Déclaration de Goullin, Notes d'audience de Villenave, p. 540.

[2] Déposit. de Boivin, *Bull. du Trib. rév.*, VII, n° 99, 408. Lettre de Boivin et Registre des Déclarations, n° 45. (Arch. municip.)

dit-il, d'un complot formé dans les prisons pour faire ouvrir toutes les maisons d'arrêt, et livrer la ville aux brigands; ce complot a été dénoncé par un nommé Hubert, et c'est sans doute ce qui aura provoqué l'ordre de fusillade contre les détenus, mais *je n'y ai pris aucune part et je ne l'ai pas signé*[1]. » Quand l'original de l'ordre du 15 frimaire, que Boivin avait conservé, sera représenté à Goullin devenu accusé, il prétendra avec Grandmaison qu'il « émanait de Carrier qui les avait forcés de le signer, et qu'ils en ont empêché l'exécution de tout leur pouvoir[2]. »

Dans l'un de ses écrits, Chaux a employé le style de l'idylle pour retracer la joie qu'éprouvèrent les membres du Comité à la nouvelle du salut des prisonniers : Il était allé chez Goullin ; les nouvelles de la marche des brigands étaient plus rassurantes ; ses collègues s'étaient jetés dans ses bras[3]. Cette joie devait être de courte durée, et l'histoire de la fin de la journée du 15 frimaire donne au récit de Chaux un démenti sanglant.

Dans cette journée même, en effet, le projet d'exterminer les prisonniers en masse fut de nouveau agité, sur la proposition du Comité, dans une réunion des Corps administratifs qui semble avoir été provoquée par Carrier. « Le tribunal révolutionnaire, dit Goullin, n'est venu que par hasard à la séance du 14;

[1] Procès des Nantais, *Bull. du Trib. rév.* VI, 89.
[2] Procès du Comité, *eod.*, VI, 329.
[3] *Chaux, au peuple français*, p. 20.

ce n'est que le lendemain 15 qu'il a été convoqué par une lettre de Carrier [1]. »

« Le Tribunal s'étant conformé à l'ordre de se rendre sur le champ à l'assemblée des Corps administratifs — ainsi écrit le président Phelippes, — le Comité révolutionnaire remit en délibération de faire périr un grand nombre de détenus, comme ayant conspiré dans les maisons de détention...... Je fis parler les lois et les principes; je répétai que les conspirateurs avaient été punis ; j'annonçai que je ne prendrais aucune part à la délibération.... alors Goullin, qui dominait le Comité, et dont l'influence s'étendait plus loin, se déchaîna contre moi avec une rage qu'aucune parole ne peut exprimer, et que les furies seules pourraient peindre... Chaux s'emporta violemment et se joignit à Goullin pour m'honorer de ses injures ; il osa dire que les détenus n'étaient pas seuls destinés à périr, qu'il y en avait bien d'autres, dont on allait s'assurer.... Bachelier, Grandmaison et autres appuyèrent les discours sanguinaires de Chaux et de Goullin. Je laissai leur fureur s'exhaler en imprécations épouvantables, je me retirai avec mes collègues, et si je n'ai pas été trompé, les Corps administratifs se retirèrent sans rien délibérer [2]. »

Ainsi l'armée a fait défaut à l'exécution du projet d'extermination des prisonniers; les Corps adminis-

[1] *Bull. du Trib. rév.*, VII, 58.

[2] *Noyades, fusillades*, p. 17 et 18. — Déposition de Lamarie, officier municipal. *Bullet. du Trib. rév.*, VI, 333.

tratifs ont refusé de s'associer à cette épouvantable mesure ; les nouvelles d'Angers ont calmé les alarmes de la veille ; les véritables proportions du complot du Bouffay sont connues ; il faut cependant que les prisonniers périssent. La Loire, qui a déjà englouti les prêtres âgés et infirmes, suppléera à la mauvaise volonté des soldats.

Dans la nuit du 15 au 16, Affilé, un charpentier de navire, est prévenu d'avoir à préparer de suite une *baignade* [1]. Affilé travaille toute la nuit. Cependant la prison du Bouffay est envahie par des membres de la Compagnie Marat qui boivent, mangent et font grand bruit. « Environ minuit le bruit cessa. Le lendemain — cette déclaration est de Julien Barbier, ancien avoué à Blain, et détenu au Bouffay, — la femme du concierge me dit, ainsi qu'à plusieurs autres, que nous avions couru de grands risques dans cette nuit ardente ; que l'armée Marat avait voulu se faire délivrer les prisonniers pour les supplicier, mais que le citoyen Phelippes dit Tronjolly, en ce temps président du Tribunal révolutionnaire, s'y était opposé de toutes ses forces en objectant que les détenus étaient sous la sauvegarde de la loi... qu'à cette objection la même troupe avait répliqué qu'on lui livrât du moins les plus coupables de ceux qui n'étaient pas jugés ; le citoyen Goudet, accusateur public, s'était également opposé à cet enlèvement... la même ci-

[1] Dans sa plaidoirie pour les Nantais, Tronson-Ducoudray a attribué à Goullin l'invention de cet euphémisme. *Bull. du Trib. rév.*, VI, 262.

toyenne Laquèze dit que Phelippes avait passé la nuit entière dans la chambre du greffe [1]. » Affilé a reconnu avoir travaillé toute la nuit du 15 au 16 frimaire pour préparer une gabare, et que, cette fois, l'expédition n'eut pas lieu [2]. Je viens d'en fournir la raison.

[1] Registre des Déclarations, n° 123 bis. (Arch. municip.)
Cette déclaration de Barbier est conforme au récit des événements de cette nuit donné par Phelippes dans sa brochure *Noyades, fusillades*, p. 18.

[2] Dépos. d'Affilé. *Bullet. du Trib. rév.*, VI, 316.

CHAPITRE V

Ordres du Comité révolutionnaire relatifs aux noyades. — Préparatifs et exécution de la noyade du Bouffay. — Propos atroce de Goullin. — Affiche signée de Goullin interdisant les sollicitations en faveur des prisonniers. — Goullin élu président du Comité révolutionnaire.— Exécutions sans jugement; Carrier et Goullin au pied de la guillotine. — Goullin menace de mort des prisonniers coupables d'avoir jeté du riz. — Attitude des membres du Comité en présence des maux de la cité. — Arrêté du Comité relatif aux enfants de l'entrepôt; scène de Goullin avec Carrier. — Les lettres de recommandation de Goullin. — Goullin et les jeunes convalescents du médecin Thomas. — Exécution de 24 prisonniers à l'Eperonnière, ordonnée par le Comité.

Ce double échec n'avait point calmé la passion du meurtre qui animait Carrier et ses complices du Comité; il leur avait montré seulement la nécessité de certaines précautions pour écarter les obstacles.

Un arrêté du Comité, daté du 16 frimaire, et que signèrent six de ses membres, dont Bachelier et Goullin, autorisa Affilé à requérir les charpentiers et les bateliers nécessaires « à l'exécution de la mission qui lui était confiée. » Le lieutenant de port reçut aussi une réquisition de bateaux, et Carrier, de son côté, signa un laisser-passer qui donnait implicitement à Lamberty le pouvoir de faire tout ce qu'il voudrait, sans que personne eût le droit d'y mettre la moindre entrave. Le 17 frimaire, un nouvel arrêté, signé de Goullin et de deux autres de ses collègues, enjoignait à tous les bargers d'obéir aux réquisitions d'Affilé, sous peine d'être déclarés mauvais citoyens [1]. Avis fut donné par Carrier à Boivin « de changer la garde nationale de poste aux divers lieux où devaient s'exécuter les noyades [2]. »

Ces pièces, qui ont été conservées, et dont plusieurs sont de l'écriture de Goullin, montrent que l'on organisa en quelque sorte administrativement un nouveau supplice, celui de la noyade, en créant des bourreaux qui seraient, aussi bien que celui qui maniait la guillotine, les agents de la vengeance nationale.

Cinquante-huit prêtres venaient précisément d'arriver d'Angers ; le Comité les fit mettre à l'Entrepôt [3], prison plus abordable que celle du Bouffay ; la Compagnie Marat les noya dans la nuit du 20 frimaire.

« Quelques jours après qu'on eut découvert le complot du Bouffay, Guillet, — alors membre du Comité, — entendait dire au Comité que tous les coupables n'étaient pas encore punis ; qu'il existait encore des scélérats qui cherchaient à égorger les patriotes, et Goullin fut chez le représentant du peuple Carrier, accompagné, croit-il, de Chaux, pour l'instruire de ces faits. Il fut décidé qu'il fallait faire venir celui qui

[1] Voir le texte de ces ordres : *Noyades de Nantes*, 2e édit., p. 18 et 19.

[2] Déclar. de Goullin, *Bull. du Trib. rév.* VI, n° 99, 408.

[3] Dép. de Trappe. *Bull. du Trib. rév.*, VI, 315.

avait dénoncé le complot et l'interroger sur la façon de penser de plusieurs des prisonniers, afin de purger la prison. Il fut introduit dans le Comité le soir; Goullin avait la liste des prisonniers, l'interrogeait sur chacun de ceux qu'il lui nommait, en demandant si tel ou tel étaient plus entêtés, et la manière dont ils se comportaient. D'après les informations, il fit une liste des dits prisonniers qui devaient, par mesure de sûreté, être *déportés* [1]. »

La plupart des noms furent vraisemblablement empruntés à la liste rédigée quelques jours auparavant pour la fusillade. Goullin a prétendu « avoir opéré sur une liste de conspirateurs fournie par Hubert, par le greffier, l'accusateur public du Tribunal révolutionnaire et la femme du concierge des prisons [2], » étendant ainsi, contre toute vraisemblance, le nombre de ses complices; mais Guillet, qui signa seul avec Goullin, le 24 frimaire, l'ordre de livrer les détenus du Bouffay à la Compagnie Marat, doit avoir été bien informé.

On sait que le mot *déporter*, employé par Guillet,

[1] Registre des déclarations, n° 199. Déclar. de Guillet.

[2] *Bul. du Trib. révol.*, VI, 227. Double calomnie de Goullin: on se rappelle que Goudet, accusateur public, s'était joint à Phelippes pour résister à l'enlèvement des détenus dans la nuit du 15 au 16 frimaire. Quant à Bernard Laquèze: — « Le concierge du Bouffay (Bernard Laquèze) avait porté, envers les détenus, l'humanité et les égards, les procédés et les services au-delà de ce qu'on aurait pu attendre en un temps ordinaire. Tous avaient à se louer de ses complaisances, plusieurs avaient reçu ses bienfaits, et quelques-uns lui devaient la vie. » *Ma justification*, par M. de la Robrie. Nantes, Brun, 1815, in-8°, p. 30.

était à ce moment dans le langage du Comité synonyme de noyer. Je n'ai point à retracer ici les incidents connus de cette nuit horrible du 24 frimaire, durant laquelle Goullin dirigea en personne les démarches de la Compagnie Marat pour l'enlèvement des détenus, surveilla les détails de l'exécution, et, par son activité, en assura l'accomplissement. Il y a, dit-on, dans la vue du sang répandu, quelque chose qui enivre le meurtrier ; ici, rien de semblable : c'est pendant l'hiver, la nuit ; cent vingt-neuf individus sont liés deux à deux, et quelques-uns n'ont même été saisis que pour faire nombre ; sur la Fosse, des charpentiers arrivent avec leurs haches pour préparer le bateau, et Goullin crie : « Chers amis, dépêchons-nous, la marée baisse ! [1] »

La marée baisse ! Voilà un de ces cris comme en pousserait un tigre, auquel sa proie échappe, si les tigres savaient parler. Ce fut Goullin qui, peu après, par la terreur qu'il inspirait à Bachelier, le força de signer l'envoi dans un cul de basse fosse de Julien Leroy, le seul des prisonniers du Bouffay qui eût échappé à la noyade [2].

Le remords n'est pas le seul tourment de ceux qui proscrivent. Tel qui, lorsqu'il est seul, se croit impitoyable, éprouve une indicible souffrance à l'entretien de ceux qui viennent le conjurer d'épargner un parent ou un ami. Souffrance, ou plutôt ennui d'être

[1] V., sur la nuit du 24 frimaire an II, *les Noyades de Nantes*, 2e édit., p. 24-39.

[2] *Bullet. du Trib. révol.*, VI, 252.

importuné, Goullin trouva le secret de décourager même la prière. Dans cette journée du 24 frimaire (14 décembre 1793), il avait fait placarder l'affiche dont la teneur suit :

« Le Comité révolutionnaire, investi, désolé par des demandes perpétuelles, qui entravent ses travaux, neutralisent ses opérations, arrête que, dorénavant, il sera sourd à toutes réclamations faites en faveur des détenus, par leurs parents ou alliés.

« Le Comité déclare même qu'il regardera comme suspect tout individu qui sollicitera pour son parent. Il prévient en outre que les mandats de délivrance devront, pour être valables, être revêtus de la signature de huit membres au moins.

« Les concierges des diverses maisons d'arrêt tiendront sévèrement la main à l'exécution du présent. Signé, pour le président, GOULLIN, secrétaire[1]. »

Ainsi deux signatures pouvaient suffire pour envoyer à la mort les détenus du Bouffay, et, pour en élargir un seul, il fallait l'accord de huit membres du Comité !

Goullin, s'étant aperçu du mauvais effet produit, par la lecture de cette affiche, sur ses juges et dans l'auditoire, prétendit que, par une faute de rédaction, on avait omis après : *sollicitera,* ces mots : « dans la

[1] *Eod.*, VI, n° 98, 401. — Joseph Lebon, le proconsul d'Arras, fut accusé d'avoir mis sur sa porte une affiche analogue à celle de Goullin. *Courrier républicain* du 18 vendém. an III, p. 301. — Lors du procès des Nantais, Goullin eut l'effronterie de nier que cette affiche émanât du Comité. *Bull. du Trib. rév.*, VI, 89.

demeure des membres du Comité, pour n'en pas faire des antichambres de ministres ». Il affirma les avoir écrits à la main sur plusieurs affiches, et notamment sur celle qui était à sa porte [1].

Mais Minée répondit : « J'ai quelquefois de la mémoire. L'affiche du 24 frimaire ne portait aucune modification à la main, comme l'a dit Goullin. Il avait fait faire une barricade en bois devant la porte du Comité. Il y avait un factionnaire et les citoyens ne pouvaient y entrer [2]. » « On ne pouvait entrer par la grande porte du Comité ; il y avait un mauvais homme qui ne laissait entrer personne [3]. » Ainsi, lors même que les sollicitations faites au domicile des membres eussent été seules interdites, elles étaient à peu près impossibles au Comité ; d'ailleurs, « le Comité faisait le plus mauvais accueil aux solliciteurs [4]. »

Goullin avait, en qualité de secrétaire et pour le président, signé l'affiche ; il était en effet le véritable président du Comité et sur le point d'en obtenir même le titre ; le 25 frimaire, le bureau fut renouvelé par l'élection, et Bachelier, cédant à Goullin sa présidence, devenait secrétaire à son tour. Les corps des noyés de la nuit étaient à peine refroidis ; le sensible

[1] *Bullet. du Trib. rév.*, VI, n° 98, 401. — Bachelier protesta contre l'accusation d'avoir pris part à « une mesure aussi révoltante. *Eod.*, VI, 226.

[2] Notes de Villenave, collect. de M. G. Bord, p. 523.

[3] Même document. Dép. d'Edme Jomar, frère du membre de la compagnie Marat.

[4] Dép. de Lenoir, *Bull. du Trib. rév.*, II, n° 97, 397.

Chaux, l'intègre Bachelier, le bouillant Grandmaison, étaient dignes de donner à Goullin cette nouvelle preuve de leur estime et de leur confiance [1].

Il est bien vrai que Carrier était insatiable de carnage; mais, soit qu'il craignît de se compromettre, soit que le moindre effort d'intelligence coûtât à sa nature engourdie par la débauche, soit qu'il trouvât dans ceux qui l'entouraient des agents capables de comprendre, et même de prévenir ses désirs, son action ne s'exerça le plus souvent que d'une manière indirecte. Il est cependant une circonstance où il intervint de sa personne, circonstance souvent rappelée par les historiens et qui fut l'une des causes de sa condamnation, je veux parler de l'ordre donné à deux reprises différentes d'exécuter, tout de suite et sans jugement, cinquante et un prisonniers vendéens amenés à Nantes. Le 27 frimaire (17 décembre 1793), ces prisonniers étaient au nombre de vingt-quatre, dont quatre enfants, deux de quatorze et deux de treize ans. « Je passais, dit Carrier, sur la place du Bouffay, je vis 24 ou 25 brigands; des canonniers demandaient qu'on les exécutât; je dis à Phelippes de les juger, Goullin était avec moi.... il y avait beaucoup d'effervescence, je montai au tribunal.... » Phelippes envoya un membre de la Compagnie Marat dire à Carrier qu'il y avait des enfants: « S.... mille Dieux! répondit celui-ci, en s'accoudant sur la cheminée, dans quelle ville suis-je? Tout comme les autres. » « Carrier vint lui-même avec Goullin, dans

[1] Registre du Comité, séance du 25 frimaire an II, f° 61.

sa voiture, au pied de l'escalier du Palais-de-Justice, faire des injonctions [1].» Ce fut l'un de ces enfants qui, pendant qu'on le liait sur la bascule, fit au bourreau cette question déchirante : Me feras-tu bien du mal [2] ?

Le lendemain, 28 frimaire, arrivent encore vingt-sept prisonniers, parmi lesquels les quatre sœurs de la Métérie. C'est au Bouffay, à deux pas de la guillotine, que le Comité les envoie. On lit, à cette date, sur le registre des procès-verbaux : « Envoyé au Bouffay, vingt hommes et sept femmes condamnés à la peine de mort par le Comité révolutionnaire de Nozay [3]. » Les Comités révolutionnaires n'étaient point des tribunaux, mais leurs sentences valaient bien les jugements de ce temps-là. Le 29 frimaire, Carrier prenait un arrêté analogue à celui du 27, et tous les malheureux portés sur la liste étaient exécutés sans jugement.

Ce dut être vers ce temps-là [4] que Goullin se transporta à la prison des Saintes-Claires, et menaça de mort les prisonniers qui jetaient du riz. Cet abus d'autorité lui semblait une chose si simple qu'il ne

[1] Notes d'audience de Villenave, déjà citées, séance du 16 frimaire an III. — *Bull. du Trib. rév.*, VI, 355; VII, 64. — *Noyades, fusillades*, par Phelippes p. 65.

[2] *Plaidoyer de Tronson-Ducoudray dans l'affaire du Comité*, in-8°. Paris, Desenne, an III, p. 27.

[3] *Registre du Comité*, f° 63. (*Archives du Greffe*).

[4] Le fait de la *rejection du riz*, dit Goullin, est postérieur aux séances des 14 et 15 frimaire. » (Notes d'audience de Villenave. Séance du 15 frimaire an III.)

songea même pas à se défendre de l'avoir commis : « Sur la dénonciation, de Forget et de Gérardeaux, que les prisonniers, au lieu de consommer leur riz, le jetaient, je me suis à la vérité, dit Goullin, transporté dans les prisons, et j'ai menacé les détenus, non pas de les faire décimer, mais bien de les faire fusiller. Ces mesures de sévérité (continue fort sérieusement Goullin) étaient nécessaires, parce que les détenus se jetaient le riz l'un à l'autre et prodiguaient ainsi une nourriture essentielle, lorsque les comestibles étaient de toute rareté, et que les citoyens de Nantes étaient réduits à une demi-livre de pain.... menace qui a contenu les détenus au point qu'il ne s'est plus perdu de riz [1]. »

Les grandes noyades eurent lieu dans le courant de nivôse, sous la direction de Lamberty ; Goullin et le Comité ne paraissent pas s'en être mêlés directement ; quelques bateaux achetés, quelques mariniers payés, voilà toute la part de complicité de Goullin et de ses collègues du Comité dans ces abominables expéditions [2]. Il eût certainement dépendu d'eux que des précautions fussent prises pour empêcher que la prison de l'Entrepôt, lieu de misères et de souffrances, ne devînt un foyer de contagion, et ce qui le prouve, c'est qu'ils s'en avisèrent, le 2 pluviôse (21 janvier

[1] *Bull. du Trib. rév.*, VI, 270.

[2] Aveu relatif aux bateaux. *Bullet. du Trib. révol.*, VII, 55.

Le Président parla aux débats du procès d'ordres de noyades, signés de Goullin postérieurement à l'exécution de Lamberty, mais cette allégation était évidemment le résultat d'une erreur. *Bull. du Trib. rév.* VI, 271.

1794), quand la ville sembla menacée; mais ces gens-là se montraient après tout humains à leur manière, en ne disputant pas à la maladie des prisonniers qu'attendait une mort plus douloureuse. « Presque tous ces êtres immoraux dépouillés de toute espèce de sensibilité, au milieu de la consternation générale paraissaient satisfaits au récit des noyades, fusillades, et de tous les malheurs publics[1]. » Ne trouvaient-ils pas plaisant de répondre à ceux qui leur reprochaient de traiter si lestement les affaires : « Nous marchons ici sur les corps morts et les jolies femmes[2]. »

Des centaines d'enfants étaient parqués à l'Entrepôt dans un étroit espace ; épuisés par la marche, enfoncés dans l'ordure, la vue de leur misère eût excité la compassion des cœurs les plus impitoyables. Des patriotes de toutes les conditions se firent un devoir d'arracher à la mort un certain nombre de ces enfants, en les recueillant chez eux. Le Comité révolutionnaire imagina que cet élan généreux devait déplaire à Carrier, et que le représentant lui saurait gré de l'avoir arrêté. Un avis fut affiché ordonnant aux citoyens qui avaient recueilli des enfants de les ramener à l'Entrepôt[3]. J'ai reproduit ailleurs le récit de Savary, où il dépeint l'indignation de Kléber à la

[1] Déposit. de Caton, maître de poste. *Bull. du Trib. rév.* VI, 362.

[2] Dép. de Lamarie, reproduisant un propos de Chaux, *eod.*, VI, 333.

[3] *Bull. du Trib. rév.*, VI, 262, 323, 331, 356, 362.

vue de cette affiche, et l'étonnement de Carrier lorsqu'on lui donna connaissance de l'ordre du Comité. « Carrier fait mander le Comité qui arrive, le président à la tête. — Que signifie, dit-il en jurant, cet avis du Comité concernant les enfants vendéens, et qui t'a autorisé à le faire afficher ? — Citoyen représentant, répondit en balbutiant le président, le Comité a pensé qu'il ne faisait que prévenir tes intentions, il n'a pas cru te déplaire en cela. — Si dans cinq minutes le Comité n'a fait afficher un avis qui détruise celui-ci, je vous fais tous guillotiner [1]. » Ce président du Comité si empressé à prévenir les intentions du représentant, était Goullin, élu, on se le rappelle, le lendemain de la noyade du 24 frimaire. S'il n'est pas absolument certain que tous les enfants de l'Entrepôt aient été noyés, ce fut le sort de plusieurs d'entre eux; d'autres, en grand nombre, périrent misérablement, et l'enfant de 14 ans, qu'un citoyen nommé Aignes ramena à l'Entrepôt, pour se conformer à l'avis du Comité, fut envoyé le lendemain à la fusillade [2].

Parmi les pièces remises à la Commission des Vingt et un, chargée de se prononcer sur la mise en accusation de Carrier, il s'en trouve une, signée de Goullin, le 1er brumaire an III, qui a pour objet de mettre le représentant en demeure de justifier ses agents, en s'avouant le seul coupable. « Carrier, lit-on dans

[1] *Guerres des Vendéens et des chouans*, t. III, 31. — *Noyades de Nantes*, 2e édit. 73.

[2] Dép. de Bourdin, forgeron. *Bull. du Trib. rév.* VI, 322.

cette pièce, força la Commission militaire d'assassiner légalement au moins trois mille brigands qui empestaient la cité[1].» Le mot assassiner est sévère pour la justice républicaine, quoiqu'il soit exact; mais ce qui n'est pas moins vrai, c'est que le Comité contribua largement pour sa part à fournir la Commission militaire des prisonniers qu'elle faisait assassiner. Quand il s'agissait de simples brigands, « qui, pendant quarante jours, dit Goullin, arrivaient si nombreux deux ou trois fois par jour, » on donnait seulement décharge des présents, sans s'inquiéter de ceux qui, portés sur la liste, avaient été fusillés en route [2]; mais si le *brigand* était un homme de condition, il était renvoyé devant la Commission militaire avec une recommandation spéciale; tel fut le cas de M. Hervé de la Bauche, arrêté le 18 nivose (7 janvier 1794), en même temps que sa femme et sa fille, et amené à Nantes devant le Comité. — « Goullin, dit M. de la Bauche, dont j'avais lieu d'attendre des égards, me traita de brigand, et lorsque Chaux était d'avis de nous envoyer au Bouffay, je m'aperçus que Goullin toucha le pied de Chaux pour le ramener à sa volonté, qui était de nous faire conduire à l'Entrepôt, maison, comme l'on sait, destinée aux noyades et aux fusillades. Le mouvement de pied de Goullin m'inquiétait; il me donnait mauvaise opinion de cet Entrepôt que je ne connaissais pas encore; je le priai

[1] *Pièces remises à la Commission des Vingt et un,* p. 65.
[2] Compte rendu du procès du *Courrier républicain,* du 24 brumaire an III, p. 116.

donc d'avoir des égards pour moi et ma petite famille ; mais Goullin, d'un ton ironique et perfide, me répond : — Oui, soyez-en sûr, j'aurai grand soin de vous et des vôtres. — Il me tint parole, puisqu'il nous envoya de suite à l'Entrepôt[1]. »

Ce n'était pas assez, et dans une lettre de recommandation à la Commission militaire, lettre commune à M. de la Bauche et à M. Luzeau de la Mulonnière, Goullin disait tout ce qu'il fallait pour les faire promptement fusiller :

« Le nommé Luzeau, dit Mulonnière, renommé de tout temps pour son aristocratie ; sa femme et sa fille, tous déguisés en paysans, ont été trouvés dans les marais de la Giraudière, chez la veuve Alliot, et ont été saisis et conduits devant le Tribunal révolutionnaire par le citoyen Pinard ;

« Ont été conduits par le même et trouvés cachés dans le même lieu, le nommé Hervé, dit Labauche, et sa fille, également déguisés en paysans.

« On recommande les brigands ci-dessus, qui, outre le crime de s'être cachés, déguisés, d'avoir brigandé, sont chargés en outre de celui d'avoir chacun deux fils émigrés.

« Ces *honnêtes gens* sont fatigués, malades, ont besoin des soins les plus délicats ; c'est justice de leur expédier des billets d'hôpital. En vérité, en vérité, le Comité révolutionnaire ne peut s'empêcher de les recommander à ses frères de la Commission militaire et révolutionnaire.

[1] *Bullet. du Trib. rév.*, VI, 254 et 255.

« Nantes, 18 nivose an II. Signé : GRANDMAISON, secrétaire, GOULLIN, CHAUX[1]. »

Fouquier-Tinville, qui était un maître dans l'art des ironies cruelles, aurait envié celle-là. Heureusement le trait décoché par Goullin ne porta pas ; l'affaire de M. de la Bauche fut instruite par la Commission militaire avec un soin inusité, et ceux que Goullin devait qualifier d'assassins furent plus humains que lui.

L'énergie et la résistance du docteur Thomas firent également échouer la tentative de Goullin de vouer à la mort, en les envoyant à l'Entrepôt, vingt-sept jeunes gens convalescents détenus à l'hospice révolutionnaire, et qui ne demandaient qu'à prendre du service dans l'armée[2].

« Il est de toute évidence, dit le président du Tribunal révolutionnaire, que vous réserviez le même sort (qu'à la Bauche) aux trente-sept individus pour lesquels Thomas vous sollicitait, car c'est une dérision de votre part, que de prétendre qu'en les envoyant à l'Entrepôt votre intention était de les soustraire à l'épidémie de l'hospice, à moins que vous ne vouliez admettre avec nous que votre but était de les guérir de tous leurs maux en les faisant noyer[3]. »

[1] Papiers de la Commission militaire qui siégeait à l'Entrepôt (Arch. du greffe). *Bull. du Trib. rév.*, VI, 264. Rég. du Com. 19 nivôse.

[2] *Bull. du Trib. rév.*, VI, 263, 266, 267, 271. Le *Bulletin* porte 37, mais la déclaration écrite du directeur de l'hospice révolutionnaire porte 27. Déclar. n° 78. — *Noyades, fusillades*, p. 28.

[3] *Bull. du Trib. révol.*, VI, 264.

En ce temps où la vie des hommes était comptée pour si peu de chose, le Comité révolutionnaire, dont l'action s'étendait à toutes les branches de l'administration, prit du moins une mesure que les âmes les plus sensibles n'auraient pu s'empêcher d'approuver ; il s'agissait, il est vrai, de la vie des jeunes veaux. Considérant l'énorme quantité de bestiaux « détruits par le défaut de soins et le gaspillage des brigands, » le Comité interdit, sous les peines les plus sévères, de tuer aucun veau. Cet arrêté envoyé à la municipalité, avec prière de l'approuver, était accompagné de la lettre suivante :

Au secrétaire de la municipalité.

1er pluviôse an II. (20 janvier 1794).

« Je t'envoie copie de l'arrêté du Comité révolutionnaire. Tâche de faire approuver tes confrères. C'est le moyen de ne pas nous sevrer de lait et de beurre dans deux ans. En plaidant pour tous, je plaide pour moi, car je suis un peu muscadin en fait de beurre et de lait surtout. Salut et succès pour l'arrêté. Signé : GOULLIN [1]. »

Les hommes de ce temps-là n'étaient pas tout d'une pièce ; épicuriens légers quand ils avaient de l'esprit, l'absence complète de sens moral leur permettait d'allier le goût d'un aimable badinage à la pratique des actes les plus odieux. Le matin, on se vantait avec coquetterie d'aimer la crème et le beurre frais, et, le soir, on « se faisait gloire de penser comme Marat,

[1] Arch. municip.

qui aurait voulu pouvoir s'abreuver du sang de tous les ennemis de la patrie [1]. »

Les ennemis de la patrie, c'étaient ceux dont, pour une raison quelconque, on désirait se débarrasser. Quand, les 27 et 29 frimaire, Carrier avait fait guillotiner sans jugement cinquante prisonniers, ce n'est pas qu'il doutât que les juges pussent hésiter à les condamner à mort, mais la passion de meurtre qui l'obsédait voulait être satisfaite sans délai. Plusieurs membres du Comité furent, paraît-il, obsédés de la même façon, le 16 pluviôse (4 février 1794), car on ne peut expliquer autrement l'ordre qu'ils donnèrent ce jour-là à la Commission Lenoir, de se transporter à l'Eperonnière pour y juger de suite trente-cinq brigands, amenés d'Ancenis. L'ordre portait de les juger *sommairement et de suite*, et l'un des considérants était que le pain était rare. L'huissier de la Commission fut chargé d'aller rechercher les pièces qui pourraient servir à libeller le jugement; le commandant de place auquel on les demanda répondit qu'un hussard les avait portées au Tribunal révolutionnaire. Le Comité envoya un de ses agents les demander à l'accusateur public près le Tribunal révolutionnaire, qui ne voulut pas les donner. L'huissier, de retour, osa dire à la Commission « qu'il fallait rapporter acte du transport et se retirer, mais, en sa qualité, il eut bouche close quand on lui apposa qu'il fallait obéir à l'ordre du Comité. »

« Les détenus furent jugés, plusieurs réclamèrent des

[1] Paroles de Goullin. *Bull. du Trib. rév.*, VI, 292.

pièces qui devaient être attachées à celles du Comité de surveillance d'Ancenis, lesquelles, disaient les réclamants, devaient justifier que, s'ils avaient passé la Loire, ils y avaient été forcés ; mais, soit crainte de déplaire au Comité, soit par d'autres raisons, 22 furent condamnés à mort et exécutés de suite. » Un nommé Huteau vint quelques jours après réclamer son frère, avec des attestations prouvant qu'ils étaient sept frères qui avaient tout sacrifié pour la patrie. L'huissier ayant envoyé cette réclamation à l'accusateur public, celui-ci le dénonça au Comité, et, sans l'intervention de Lenoir, il ne sait pas ce qu'il serait devenu [1].

[1] Déclaration de Claude Bouchereau, huissier et rédacteur des jugements près la Commission militaire, du 11 messidor an II, n° 120 bis. (Arch. municip.) — Registre de la Commission Lenoir, 16 pluv. an II, f°° 130 et suiv. Le registre mentionne 24 exécutions ; il y avait un certain nombre d'enfants qui furent épargnés; les 24 furent de suite fusillés. Parmi les noms des victimes, j'ai relevé ceux de M. Binet des Marais, de Mme de Guinebaud et de sa fille, et de Mme de Boisbaudran. (Arch. du greffe.)

Cette affaire ne fut mentionnée que d'une manière incidente dans les débats du procès par le témoin Jeanne Lavigne qui en parla comme elle aurait fait des autres fusillades, si nombreuses en ce temps-là. (*Bullet. du Trib. rév.*, VI, 302.)

CHAPITRE VI

Goullin et la famille de Coutances. — Les joyaux de Mme Walsh. — Confiscations de bijoux et d'argenterie par le Comité. — Exclusion des marchands des ventes publiques d'objets précieux confisqués. — Ventes à vil prix. — Lettre de Goullin sur le désintéressement, condition nécessaire pour assurer le règne de la République.

La tyrannie du Comité ne se faisait pas sentir seulement par les violences contre les personnes; tous les jours quelques familles étaient, à l'occasion des arrestations, victimes de pillages et de confiscations. Sous prétexte d'assurer le fonctionnement urgent de certains services dans la cité, des citoyens étaient taxés de la façon la plus arbitraire, et le Comité encaissait les sommes considérables qu'on s'empressait de lui verser comme rançon de la vie ou de la liberté.

Ces dilapidations qui, d'après les affirmations réitérées du représentant Bô, furent la seule cause de l'arrestation des membres du Comité, pourraient devenir l'objet d'un interminable chapitre qui dépasserait les limites de ce travail. Un fait d'un caractère presque innocent au prix des autres mérite cependant d'être rapporté avec quelques détails parce qu'il donne, ce semble, assez bien la mesure de la délicatesse de Goullin dans la vie privée.

Goullin demeurait rue Félix, maison Bellevue, Cours Saint-Pierre, dit alors Cours de la Liberté, chez Pierre Gallon, dont il avait fait un commissaire du Comité révolutionnaire. Dans la même maison demeuraient M. de Coutances et sa famille; M. de Coutances fut l'un des notables de Nantes arrêtés le 24 brumaire et envoyés à Paris. Son appartement avait été envahi lors de son arrestation ; une somme considérable, cachée daus un lit, avait été découverte et enlevée, puis les scellés avaient été apposés sur la porte extérieure. Cet appartement, d'un voisinage immédiat, tenta Goullin, qui trouva l'occasion bonne pour installer ses hôtes et lui-même d'une façon plus commode. Il suffisait de le vouloir, et ordre fut donné à Gallon, « de lever les scellés apposés chez Coutances [1]. » Ce fut sans doute pour planter dignement la crémaillère dans le nouvel appartement que Gallon se fit délivrer le 22 pluviôse (10 février), par le citoyen Coignard, tonnelier, quarante bouteilles de vin de Bordeaux appartenant à MM. Clanchy et Parent, dont les marchandises avaient été saisies et déposées chez ce tonnelier [2].

[1] Registre du Comité. Séance du 18 pluviôse an II (6 février 1794. Greffe).

[2] Registre des Déclarations, n° 65. On trouve, au n° 58, une déclaration d'un citoyen Plissonneau d'après laquelle Gallon se serait fait remettre, le 8 ventôse an II, deux barriques de vin appartenant au citoyen Rousseau, en disant qu'il les paierait, soit à Rousseau, soit à la République. (Archives municip.)

Le 9 thermidor (27 juillet 1794) seulement, plusieurs semaines après l'arrestation du Comité, Mme de Coutances se risqua à faire, dans une requête adressée au président de la Société populaire, le récit de ses malheurs. Par une coïncidence étrange, car elle ne croyait pas si bien dire, sa requête commence ainsi : « Le jour de la justice et de l'humanité est arrivé. »

Elle est, dit-elle, au Bon-Pasteur avec un de ses jeunes enfants ; l'autre est aux Saintes-Claires. « Le seul crime de mon mari et le mien, ajoute la pétitionnaire, est d'avoir demeuré dans la même maison que les citoyens Gallon, sa famille et Goullin, nos plus grands ennemis, parce qu'ils ont désiré s'emparer de nos propriétés. Pour y parvenir, il fallait sacrifier ma malheureuse famille ; ils y sont parvenus en partie, puisque j'ai perdu mon mari six semaines après son arrestation. A cette époque, les citoyens Goullin, Gallon et sa famille ont pris possession de mon appartement et de mon mobilier [1]. » Le 28 vendémiaire an III (19 octobre 1794), Mme de Coutances était encore au Bon-Pasteur, et elle adressait au District une pétition, semblable à la première, dont le District ordonna l'envoi à Paris pour qu'elle fût jointe aux pièces de la procédure dirigée contre Goullin et Gallon [2].

[1] Papiers des Sociétés populaires (Arch. départ.).

[2] Petit registre des arrêtés du District, 28 vendém. an III, f° 113, v°. Lettre à l'accusateur public à Paris, registre de Correspond., f° 42 (Arch. départ.). Trois ou quatre autres documents qu'il est inutile de mentionner, confirment l'exactitude des faits.

On lit, dans le compte rendu du procès (texte du *Bulletin du Tribunal révolutionnaire*) :

« *Le président à l'accusé Gallon* : Avez-vous connu la citoyenne Coutances ? l'avez-vous arrêtée ? — *Par Gallon* : Je ne connais pas cette citoyenne et ne l'ai point arrêtée. — *Le président au même* : N'avez-vous pas apposé les scellés chez cette citoyenne ? — *Par Gallon* : Je n'ai point fait cette apposition, et n'ai pu la faire, puisque j'étais à Ingrai (?) quand la citoyenne Coutances a été arrêtée. — *Le président à Goullin* : Avez-vous connaissance de cette arrestation ? — *Par Goullin* : J'en ai entendu parler, mais je n'y ai participé en aucune manière... cette expédition s'est faite par la Compagnie Marat [1]. »

Goullin était trésorier du Comité et déposait, dans une armoire dont il avait la clef, une foule d'objets précieux [2]. Il lui arriva même d'en apporter chez lui pour les faire admirer à ses amis ; c'est ainsi que l'on vit étalés chez Gallon les magnifiques joyaux de Mme Walsh, qui avaient été saisis dans une cache de la maison Grou [3].

Un décret du 23 brumaire an II prononçait, il est vrai, la confiscation, au profit de la République, de tous les objets précieux trouvés enfouis, et accordait une récompense au dénonciateur, mais il ordonnait

[1] *Bull. du Trib. rév.*, VI, 240.

[2] Déclar. de Garreau, officier municipal, entré en fonctions au Comité le 27 pluviôse an II (Reg. des Déclar., n° 104) ; de Goullin, membre du Comité, *eod.*, n° 67 (*Bullet.*, VI, 294).

[3] Requête de Mme Walsh, du 5 messidor an II. — Déclaration de Mme Lacanterie, registre des Déclar., n° 221 (Arch. municip.).

aussi aux Comités révolutionnaires d'envoyer au Comité de Sûreté générale tous les objets qui seraient ainsi découverts [1]. Aucun envoi ne fut fait conformément à la lettre de ces prescriptions ; des matières d'or et d'argent furent seulement remises à la Monnaie de Nantes en assez grande quantité, et sans qu'il soit possible d'établir que les remises à la Monnaie aient été en rapport avec la valeur des objets confisqués. L'argenterie cachée de l'église Notre-Dame, par exemple, avait été découverte sur la dénonciation de la femme d'un gendarme ; six mois après cette femme demanda sa récompense à diverses reprises ; Goullin lui dit : « Tu n'auras rien sans un certificat de civisme ; » elle l'obtient de la Société populaire, le porte au Comité, et Goullin lui répond : « C'est singulier, je n'ai entendu parler de cette argenterie qu'à toi. » Lors de la déposition de cette femme, au procès, chacun se renvoya la balle, et il n'y eut qu'un seul point réellement établi, savoir, que cette argenterie qui représentait une somme considérable n'avait jamais été remise à la Monnaie [2]. Mainguet, membre du Comité, manifestait un jour son étonnement de voir des tas d'argent qu'on mettait dans des sacs : « Bast, lui répondit Goullin, cela te regarde bien [3] ! »

Une vente, tout au moins de bijoux et autres effets précieux, eut lieu par les ordres du Comité ; et les bijoux de Mme de la Bourdonnaie, veuve du général,

[1] Duvergier, *Coll. de lois,* VI, 283.
[2] *Bull. du Trib. révol.*, VI, 296.
[3] Registre des Déclarations, n° 124.

furent compris dans cette vente, mais le Comité avait une étrange manière de prendre les intérêts du fisc : il avait interdit, par une affiche, à tous les marchands d'assister à ces ventes, « parce que, — et c'est Bachelier qui donna cette raison, — les gens qui achètent pour revendre n'offrent pas toujours la juste valeur des objets mis en vente ; et souvent ils se coalisent ensemble pour se faire adjuger, à vil prix, les effets sur lesquels ils veulent bénéficier... ; d'ailleurs, il était interdit à tous les membres du Comité de se trouver à la vente [1]. » (!) Ce fut un citoyen nommé Aregnaudeau qui déposa à l'audience un exemplaire imprimé de l'affiche relative à la vente des bijoux, « qui a été, dit-il, la source de bien des brigandages ; personne n'osant paraître à son aise à Nantes, on ne se rendit pas à cette vente. On a vendu cent mille francs de dentelles pour dix-huit francs ; un diamant, vrai ou faux, vingt-cinq francs [2]. » Goullin néanmoins ne laissait pas de conseiller aux autres la plus sévère intégrité, ainsi que le montre la lettre suivante écrite de sa main au District de Guérande, pour le hâter de mettre sous le séquestre les biens d'un émigré :

« Célérité, de grâce, si vous désirez succès ; sans cela les dilapidations et le gaspillage pourront diminuer le bienfait de la mesure ; braves camarades, travaillons de concert à asseoir et à enrichir la République ; elle réclame des bras vigoureux et des cœurs

[1] *Bull. du Trib. rév.*, VI, 364.
[2] Notes d'audience de Villenave, séance du 19 frimaire an III.

désintéressés. Tant de traîtres l'ébranlent, et tant de fripons la pillent. Constance et incorruptiblité, et son trône devient inébranlable [1]. » Le trône de la République semblera peut-être une image risquée, mais il faut faire sa part à la hâte de l'improvisation ; ce n'est pas en un jour qu'on dépouille le vieil homme, et Goullin avait eu le malheur de vivre longtemps sous la monarchie !

Ces quelques faits suffiront, je pense, à faire connaître comment Goullin et ses collègues entendaient le respect du bien d'autrui.

[1] Lettre adressée au District de Guérande, brumaire an II, Cartons de ce District (Arch. Départ.).

CHAPITRE VII

Lamberty et sa bande. — Intimité de ces hommes avec le représentant Carrier. — Inquiétudes du Comité de trouver en eux des rivaux. — Le Comité s'occupe de machiner leur perte. — Passage à Nantes de Marc-Antoine Jullien. — Il prend parti contre Lamberty et Carrier.— Les lettres à Robespierre pour demander le rappel de Carrier. — Préparatifs par le Comité d'une accusation capitale contre Lamberty et Fouquet. — Comparution de ceux-ci au Comité. — Preuves des rapports amicaux de Goullin avec Carrier, jusqu'à la fin du séjour du représentant à Nantes. — Départ de Carrier. — Poursuites ordonnées aussitôt contre Lamberty et Robin.

Cependant, la mission de Carrier touchait à sa fin, et bien qu'aucun désaveu de sa part ne donnât lieu au Comité de craindre de lui avoir déplu, Goullin et ses collègues ne souhaitaient pas moins vivement que le reste de la ville de voir le représentant retourner à Paris. Ce n'est pas que le Comité fût à bout de ses complaisances, mais la faveur des grands n'est pas toujours durable. Carrier avait le caractère fantasque, et des gens de son entourage intime étaient, non sans raison, soupçonnés de travailler à renverser le Comité, pour y entrer eux-mêmes avec leurs créatures. Les principaux se nommaient Lamberty, Robin, Fouquet, Lavaud, abominables sicaires, qui vivaient dans la fange et dans le sang, et qui avaient travaillé de leurs mains à toutes les œuvres de destruction. Lamberty avait été espion dans la Vendée, et Carrier faisait un tel cas de ses talents, qu'il l'avait élevé au grade d'adjudant-général, commandant les canonniers; c'est à lui qu'il avait délivré l'ordre du 16 frimaire, qui comprenait les pouvoirs les plus étendus, et en vertu duquel se firent la plupart des noyades. Robin et Lavaud étaient les aides de camp de Lamberty et formaient son état-major. En dépit de ses vingt ans, Robin, qui poussait jusqu'à la fureur l'exaltation révolutionnaire, avait été appelé à présider la Société populaire de Vincent-la-Montagne [1]. Bien que Fouquet eût été associé aux exploits des trois autres, il semble n'avoir pas joui auprès du représentant d'une considération égale à la leur. Quand il fut question de ces hommes au procès, Carrier déclara ne point connaître Fouquet [2], et il repoussa avec vivacité l'allégation d'un témoin qui avait prétendu que, lors de l'emprisonnement de Fouquet, il avait envoyé deux hommes au Bouffay pour s'y opposer [3].

[1] *Bull. du Trib. rév.*, VII, 47.

[2] *Bull. du Trib. rév.*, VII, 25. — Dans les propos tenus par Carrier, relativement à Lamberty, il n'est jamais question que de celui-ci, bien que Fouquet ait été dans les poursuites du Comité associé à Lamberty. V. *Bull. du Trib. rév.*, VI, 367; VII, 23; *Pièces remises à la Commission des Vingt et un*, pp. 109 et 112; Défense de Carrier à la Convention, séance du 3 frimaire an III. *Réimpression du Moniteur*, t. XXII, 582.

[3] Notes d'audience de l'accusateur public de Paris (Arch. nat., W, 493).

La rivalité de pareils hommes n'avait rien de rassurant pour le Comité, et je suis persuadé que, dans l'esprit de Goullin et de ses collègues, le projet de perdre Lamberty fut arrêté le jour où il leur fut rapporté que celui-ci s'était vanté d'avoir reçu de Carrier l'ordre de renouveler le Comité [1]. L'entreprise demandait à être menée avec précaution, car le représentant n'aimait pas qu'on se jouât des ordres donnés à Lamberty : dans les premiers jours de pluviôse, des membres de la Commission militaire ayant essayé d'empêcher celui-ci d'enlever de l'Entrepôt un certain nombre de femmes, Carrier n'avait parlé de rien moins que de faire fusiller les membres de cette Commission, et l'on disait même que la peur que l'un d'eux, Gonchon, avait éprouvée en entendant cette menace, avait été l'une des causes principales de sa mort [2].

Presque au même moment, c'est-à-dire le 31 janvier ou le 1er février 1794, arrivait à Nantes un personnage important, malgré son extrême jeunesse, Marc-Antoine Jullien, fils de Jullien de la Drôme, le confident et l'ami de Robespierre. Jullien avait le titre de commissaire de l'instruction publique, mais il était en réalité un agent du Comité de Salut public.

[1] « Robin disait à Buffa, perruquier, qu'il était enfin temps que les conspirateurs fussent punis; Lamberty dit avoir eu l'ordre de Carrier de renouveler le Comité révolutionnaire. » (Notes d'audience de David Veaugeois.) V. aussi Michelet, *Histoire de la Révolution*, VII, 114.

[2] Dép. de David Veaugeois, accusateur public de la Commission militaire. *Bull. du Trib. rév.*, VII, 23.

Fort mal reçu, maltraité même par Carrier, Jullien quitta Nantes avec l'intention arrêtée de demander au Comité de Salut public le prompt rappel de Carrier ; deux lettres de lui, datées, l'une d'Angers, le 15 pluviôse (3 février 1794), l'autre de Tours, le 16 pluviôse, et adressées à Robespierre, lui exposèrent l'urgence qu'il y avait de mettre fin à la mission de Carrier, qu'il montrait entouré « de gens d'état-major qui le flagornent sans cesse, et calomnient à ses yeux les patriotes [1]. »

La confiance dans le succès prochain des démarches de Jullien enhardit le Comité, qui ne tarda pas à préparer la lutte avec les gens de la bande de Lamberty, en réunissant contre eux les éléments d'une accusation capitale que l'on tint en réserve pour la lancer au moment opportun, ou, pour mieux dire, au moment où la chose pourrait se faire sans danger.

Une accusation, pour être efficace, devait nécessairement porter sur des faits contre-révolutionnaires. Lamberty, Fouquet, Robin, Lavaud, avaient noyé, sabré par milliers des hommes, des femmes, et même

[1] *Rapport de Courtois sur les papiers de Robespierre*, p. 359 et suiv. — *Pièces remises à la Commission des Vingt et un*, p. 38. — La lettre dans laquelle le Comité de Salut public envoya Prieur de la Marne à Nantes, « où Carrier est usé, » est datée du 20 pluviôse (8 février). V. *Une Commission d'enquête et de propagande en l'an II*, p. 6. — Sur la mission de Jullien à Bordeaux, voir le livre de M. Vatel : *Charlotte Corday et les Girondins*, t. II, p. 422 et suiv. Ce Jullien, qui réussit à se faire regarder comme un philanthrope, à force de réclames dans des biographies qu'il composait lui-même, ou faisait composer, fut à Bordeaux l'un des pourvoyeurs les plus actifs de la guillotine.

des enfants. Mais, sur ce point, ils étaient à l'abri de tout reproche. Le Comité, qui dans ces jours-là faisait fusiller des gens à l'Éperonnière, sans s'inquiéter de leur civisme, qui parlait de se défaire d'un homme auquel il faisait grief de s'être évadé, au moment de la noyade que Goullin avait dirigée [1], aurait été d'ailleurs mal venu à incriminer les gens de l'état-major pour des faits de même nature ; mais certains actes, d'un caractère tout différent et qui pourtant n'avaient rien d'honorable, exposaient Lamberty et ses camarades aux coups du Comité : ceux-ci faisaient, au gré de leurs caprices, sortir de prison des *brigandes* qu'ils sauvaient de la mort dans un but auquel les sentiments d'humanité étaient absolument étrangers. Cela s'appelait soustraire des contre-révolutionnaires à la vengeance nationale et, ainsi que l'événement l'a prouvé, on pouvait pour un tel crime être guillotiné.

Lamberty était trop l'ami de Carrier pour qu'on le mît directement en cause pendant que le représentant était encore à Nantes ; on s'en prit à Fouquet, contre lequel un rapport avait été déposé, trois semaines auparavant, le 27 nivôse (16 janvier 1794), et on le manda au Comité. Fouquet y déclara, le 22 pluviôse (10 février), qu'il n'avait coopéré à l'enlèvement d'aucune femme et qu'il n'avait jamais avili le Comité [2]. Fouquet fut-il emprisonné ce jour-là, comme on l'a dit, et comme je l'ai moi-même écrit

[1] Alexis Garnier, envoyé au Bouffay, le 21 pluviôse (9 février), par le Comité. V. *Noyades de Nantes*, p. 36.

[2] Registre du Comité, f° 110.

il y a quelques années ?[1] Quand le fait serait vrai, il ne plaiderait guère en faveur de la hardiesse du Comité, puisque, malgré tous ses exploits, Fouquet n'avait pas su se faire apprécier du représentant. Le lendemain, 23 pluviôse (11 février), Lamberty était simplement « invité à passer au Comité pour y donner des éclaircissements », et la plus marquante des femmes qui avaient été soustraites à la vengeance nationale, était envoyée le même jour au Bouffay avec sa femme de chambre. Cela fait, on laissa pendant quelques jours dormir l'accusation.

La lettre du Comité de Salut public qui rappelait Carrier, arriva probablement à Nantes dans la journée du 25 pluviôse (13 février) ; ce fut dans la soirée de ce jour-là que le représentant fit ses adieux à la Municipalité, et annonça qu'il partirait dans la nuit[2]; mais la date du 26 pluviôse, inscrite sur quelques arrêtés, semble établir clairement qu'il ne partit que dans la soirée du 26.

Jusqu'à la fin du séjour de Carrier à Nantes, Goullin conserva son influence sur lui ; la noyade du 24 frimaire s'était faite sans aucun ordre écrit de Carrier, et le concierge du Bouffay ayant refusé de se

[1] *Notes sur le Bouffay*, p. 82. — Parlant de Fouquet et Lamberty, Bignon dit, dans une lettre du 25 ventôse (15 mars) : « Sitôt le départ de Carrier, le Comité révolutionnaire a fait arrêter ces deux quidams. » *Pièces remises à la Commission des Vingt et un*, p. 112.

[2] Le procès-verbal de la séance des adieux de Carrier est inséré sur le registre de la Municipalité, f° 28, 26 pluviôse, mais il est écrit en marge que c'est « par omission du 25 au soir. »

dessaisir de la pièce, signée de Goullin et autres, qui lui enjoignait de livrer 155 détenus, Carrier consentit, dans un dîner qui eut lieu, la veille de son départ, à sa maison de plaisance de Richebourg, à approuver un ordre antidaté ordonnant le transfèrement à Belle-Ile des prisonniers qui avaient été livrés à la Compagnie Marat [1]. G. Gallon, le fils du meilleur ami de Goullin, désirait une place ; Carrier, le jour même de son départ, signa sa nomination aux fonctions de trésorier des Invalides de la marine [2]. Servi dans ses affections par Carrrier, Goullin voulut l'être encore dans ses haines, et il le fut. Il regardait, non sans raison, Phelippes Tronjolly, président du Tribunal révolutionnaire, comme son ennemi ; la présidence du Tribunal fut attribuée au juge Lepeley par un arrêté signé de Carrier et daté de ce même jour, 26 pluviôse (14 février) [3].

Ces témoignages de la confiance du représentant ne suffirent point à rassurer Goullin. Les mesures prises après le départ font supposer que le Comité craignit même un moment de voir Lamberty et ses amis courir après Carrier, le rejoindre, et, reprenant leurs avantages en l'absence de Goullin, obtenir

[1] Notes d'audience de Villenave, pp. 557, 715, 716. Déclaration de Gaullier, membre du Comité. Regist. des Déclar., n° 67. (Arch. municip.) *Bull. du Trib. rév.*, VII, 26.

[2] Registre du Cons. gén. de la Commune, 4 ventôse an II, f° 43; arrêté d'envoi en possession, de Prieur de la Marne, du 23 floréal an II, même registre, séance du 28 floréal. (Arch. municip.)

[3] Registre du Comité, 29 pluviôse an II; *Noyades, fusillades*, par Phelippes, p. 31.

quelque arrêté prononçant la déchéance du Comité.

Aussi, dès le lendemain, 27 pluviôse (15 février), un mandat d'arrêt est lancé « contre le nommé Lamberty, commandant général des canonniers nantais, accusé d'avoir recélé des femmes contre-révolutionnaires [1]. » Le 28 pluviôse (16 février) : « ordre donné aux commandants des postes de s'opposer au départ de Lamberty et de Robin, et de s'assurer même de leurs personnes. » Le 28 pluviôse encore : « ordre de se saisir de Robin et de Lavaud [2] et de les conduire aux Saintes-Claires » ; enfin, au moment de lever cette même séance, à 10 heures du soir, le Comité arrêtait qu'on enverrait Lamberty au Bouffay. Robin seul avait réussi à sortir de Nantes pour aller rejoindre Carrier. A la séance du Comité du 1er ventôse (19 février) se trouve cette mention : « Lettre de l'infâme Robin, écrite d'Angers du 29 pluviôse, au commandant d'artillerie. » D'autres mentions, en assez grand nombre, inscrites aux procès-verbaux des jours suivants, témoignent de l'ardeur avec laquelle le Comité travailla à l'instruction de cette affaire.

L'instruction néanmoins dura longtemps ; la même Commission militaire qui, durant cinq semaines, avait prononcé jusqu'à deux cent cinquante condamnations capitales [3] dans une seule journée, se trouva en proie à d'étranges scrupules quand elle eut à juger

[1] Toutes ces dates sont relevées sur les procès-verbaux des séances du Comité.

[2] Lavaud fut incarcéré de l'ordre de Goullin ; reg. d'écrou des Saintes-Claires, f° 225. (Arch. du greffe).

[3] Notamment le 16 nivôse an II — 5 janvier 1794.

Lamberty, Fouquet et Lavaud. En vain la Société de Vincent-la-Montagne, où dominait Goullin, envoya le 11 ventôse (1er mars), une députation au Comité pour lui demander où en était l'affaire ; en vain le Comité à son tour, le 13 ventôse (3 mars), députa auprès des représentants « pour se concerter avec eux sur l'intéressante affaire des insignes Fouquet et Lamberty dont le retard du jugement cause de justes inquiétudes [1]. » La Commission hésitait à traduire en jugement les trois scélérats ; le président trouvait « cette affaire délicate [2] », et deux juges seront envoyés à Paris pour en conférer avec Carrier. Il y a lieu de présumer que le Comité de Salut public fut consulté à ce sujet, et que Goullin, qui se trouvait à Paris à la fin de ventôse, comme nous le verrons bientôt, ne demeura point inactif. La condamnation de Ronsin, l'ami de Lamberty [3], exécuté à Paris le 4 germinal an II (24 mars 1794), montrera que les gens de cette espèce pouvaient être sacrifiés sans danger, et le 25 germinal (14 avril), Lamberty, auquel on aura enlevé [4] l'ordre de Carrier qui pouvait servir à le disculper, sera condamné à mort et exécuté en même temps que Fouquet, « pour avoir soustrait des femmes contre-révolutionnaires à la vengeance nationale. »

[1] *Registre du Comité* (Arch. du greffe).

[2] Lettre de Bignon, 25 ventôse an II (15 mars 1794). *Pièces remises à la Commis. des Vingt et un*, p. 111.

[3] Dépos. de Daubigny. *Bullet. du Trib. rév.*, VII, 67.

[4] Déclaration du citoyen Bouchereau, employé aux hôpitaux militaires, sur divers incidents du procès de Lamberty, en date du 13 vendémiaire an III. (Sociétés populaires. Arch. départ.)

CHAPITRE VIII

Effets du départ de Carrier. — Cessation des exécutions en masse. — Les arrestations et les taxes arbitraires continuent. — Offre faite à Goullin d'une situation de surveillant du Commerce à Nantes. — Affaire Joznet La Viollais. — Goullin et Chaux mandés à Paris par la Convention. — Leur départ joyeux pour Paris en compagnie d'invités. — Séjour à Paris. — Carrier apprend l'exécution de Lamberty. — Intérêt de tous les terroristes de Nantes à la disparition de Lamberty. — Attitude inexplicable de Carrier au sujet de Lamberty. — Frais de voyage de Goullin et de Chaux.

Le départ de Carrier ne changea guère les allures du Comité ; les témoins entendus au procès s'accordent à déclarer que la terreur dura à Nantes jusqu'à l'expiration de ses pouvoirs. Les noyades avaient cessé dès avant cette époque ; l'Entrepôt était vide, et, si les autres prisons regorgeaient de prisonniers, le temps des exécutions en masse était passé. Il est de la nature de certains excès de ne pouvoir durer ; la populace elle-même, si aisément qu'on la dispose à se plaire au spectacle des supplices, se lasse de cela comme des autres choses ; d'ailleurs les pouvoirs de Carrier avaient expiré le jour de son rappel, et les Représentants qui lui avaient succédé n'auraient pas mis la même complaisance que lui à couvrir de leur autorité l'extraction violente des prisonniers.

Les arrestations sous les prétextes les plus frivoles les perceptions illégales de taxe, continuèrent comme par le passé. On peut relever sur les procès-verbaux de chaque jour l'envoi aux prisons de plusieurs citoyens.

Le 5 ventôse (23 février), des commissaires reçoivent l'ordre de « faire des perquisitions chez des gens prévenus de recéler des objets précieux qui ne peuvent leur appartenir. »

Le 7 ventôse, un sieur Armand est mis en arrestation chez lui, sous la garde de deux invalides, à ses frais, jusqu'à ce qu'il ait fait à la République un don proportionnel à sa fortune. Un autre citoyen fut l'objet d'une contrainte moins sévère ; voici la curieuse rédaction de la note qui le concerne : « Le nommé Lefêtre a paru au Comité ; sur le refus qu'il a fait de venir au secours du Comité par la bourse, il a été renvoyé comme mauvais citoyen ; nous lui avons dit que désormais son encens ne serait plus digne de brûler sur l'autel de la patrie, que ses mains impures ne feraient que souiller[1]. »

Une excellente occasion de sortir du Comité fut offerte à Goullin à ce moment ; la Commission des subsistances lui proposa de le nommer « Agent particulier au débarquement, emmagasinement et expédition des grains et objets de première nécessité du port de Nantes[2]. » Goullin refusa ; il préférait sur-

[1] Séance du 12 ventôse an II (2 mars 1794).

[2] Registre de correspondance du District, 21 ventôse an II (11 mars 1794).

veiller, commander, épurer, se livrer, en un mot, à des opérations de la nature de celle-ci : « Le Comité, voulant porter la surveillance aussi loin que possible pour empêcher que les aristocrates souillent encore les rues de leur méphitique présence, arrête que la Municipalité sera invitée à remette au Comité l'état de la population de chaque section, afin de faire un nouvel et scrupuleux examen.[1] »

Peut-être aussi le refus de Goullin fut-il motivé par un incident, qui aurait pu avoir pour lui et à bref délai les suites les plus graves, et qui délivra pour quelques semaines la ville de Nantes de sa présence et de celle de son ami Chaux.

Le commandant Joznet, dit Laviollais, citoyen d'un civisme irréprochable, avait, à son retour des colonies, traversé Nantes pour se rendre à Paris, au milieu du mois de pluviôse. Peu après son arrivée à Paris, il avait été nommé, par le ministre de la Guerre, commandant des troupes envoyées à Saint-Domingue pour y faire exécuter les décrets relatifs à l'abolition de l'esclavage des nègres. Les intéressés dans les plantations de Saint-Domingue, que cette mesure de l'abolition de l'esclavage achevait de ruiner, étaient accusés d'intriguer de toutes les manières pour en empêcher l'exécution. Goullin et Chaux, cédant à la hideuse manie de la délation, dont on faisait alors une vertu républicaine, avaient dénoncé à la police de Paris Joznet comme un traître. Goupilleau, de Montaigu, ayant appris que Joznet venait d'être

[1] Séance du Comité du 15 ventôse an II.

arrêté, au moment où il se disposait à quitter Paris pour aller remplir la mission dont on l'avait chargé, signala, dans la séance de la Convention du 19 ventôse (9 mars), l'arrestation de cet officier général comme le résultat des intrigues des colons. Pour éviter les lenteurs, la Convention décida que Joznet comparaîtrait à sa barre.

Froidure, administrateur de police, se trouvant dans la salle et ayant été prié de s'expliquer, fit connaître que Joznet avait été arrêté sur une dénonciation du Comité révolutionnaire de Nantes, et Bézard, l'un des secrétaires, donna lecture de la dénonciation; elle était ainsi conçue :

Le Comité de Surveillance de la Commune de Nantes au maire de Paris, ce 22 pluviôse an II (10 février 1794).

« Citoyen Maire,

« On vient de nous dénoncer un nouveau traître. Il se nomme Joznet, dit Laviollais, officier général. On l'accuse d'avoir sacrifié un bataillon de la plus belle jeunesse républicaine. Il arrivait de Lorient; il s'est présenté avec audace au représentant Carrier, qui l'a envoyé à Paris, où il prétendait avoir des choses de la plus grande importance à dévoiler, et qui intéressent essentiellement le salut des colonies. Je te prie, citoyen maire, au nom de la patrie, de t'assurer de la personne de ce traître, et de l'interroger sur les faits à sa charge.

Signé : « CHAUX ET GOULLIN. »

P.-S. — « Expédiez-le promptement ou renvoyez-nous le : nous l'expédierons nous-mêmes [1]. »

Un membre de la Convention dit que l'arrestation de Joznet, excellent patriote, tenait à un plan de conspiration ; Clauzel demanda que l'on arrêtât tous les membres du Club colonial, et Delacroix exprima son étonnement que l'on fit des arrestations sur des dénonciations aussi vagues ; Carrier maintint que, s'il avait donné la mission à Joznet de venir au Comité de Salut public, il l'avait fait à bon escient. Il est évident que s'il avait voulu perdre Goullin, l'occasion s'en offrait à lui ; il lui suffisait de faire remarquer que Goullin était de Saint-Domingue, et qu'il avait conservé de nombreuses relations parmi les colons. Tout au contraire, Carrier ajouta : « Quant à Chaux et Goullin, qui ont signé la lettre qu'on vous a lue, ce sont deux membres du Comité de surveillance de Nantes, *que j'ai connus pour de vrais patriotes*. Il est possible qu'ils aient été trompés ; ils disent avoir des pièces, je demande qu'elles soient envoyées sur le champ au Comité de Sûreté générale. » Le résultat de cette discussion fut un décret ordonnant que les membres du Club colonial, ainsi que les auteurs de la dénonciation au Comité révolutionnaire de Nantes, seraient mis en état d'arrestation, et que les citoyens Chaux et Goullin viendraient s'expliquer auprès du Comité de Sûreté générale [2]. »

[1] Voir les curieuses explications de Goullin sur ce *post-scriptum*. *Bull. du Trib. rév.*, VI, 244.

[2] *Journal des Débats et des Décrets,* 19 ventôse an II, n° 556.

Ce décret, rendu le 19 ventôse, arriva à Nantes le 22 (12 mars 1794), et le Comité en fut le premier informé; il ordonna aussitôt que toutes les lettres seraient arrêtées à la poste, afin d'enlever aux intéressés, s'il y en avait, le temps de se concerter. Diverses personnes furent appelées à déposer sur l'affaire de Joznet, notamment O'Sullivan, noyeur subalterne, *épauletier* de la suite de Lamberty, qui vint déclarer que Joznet de la Laviollais avait empoisonné des comestibles destinés à ses soldats; ce dont le délateur eût été probablement fort embarrassé de fournir la moindre preuve [1].

Des personnages de l'importance de Chaux et de Goullin, mandés par la Convention, ne pouvaient voyager comme de simples particuliers allant à Paris pour leurs affaires. Le voiturier Dardare, qui avait été l'un des chefs du convoi des Cent trente-deux Nantais envoyés à Paris, et qui avait la garde de voitures saisies sur des émigrés ou des détenus, fut autorisé à ouvrir ses remises pour y choisir une voiture destinée au voyage. Il fallait que la voiture fût grande, chacun des voyageurs ayant trouvé l'occasion bonne pour procurer à quelques amis les agréments d'un séjour dans la capitale; Goullin emmenait Gallon, Mme Gallon et leur fille, chez lesquels il demeu-

pp. 255 et 262. — Le nom de Goullin est écrit Boulin, de même que, dans le *Bull. du Trib. rév.*, Joznet est imprimé Gomet en divers endroits.

[1] Registre du Comité, f° 141 ; plusieurs des faits qui suivent sont également empruntés aux procès-verbaux du Comité (Arch. du Greffe).

rait, et Chaux, deux individus nommés Chédorge et Dufresne, et un enfant de quatorze ans. La Caisse du Comité, alimentée en ce moment par des dons plus ou moins volontaires, dont le prétexte était la répurgation de la ville pour la salubrité de l'air, fournit une provision de six mille livres. Goullin en partant remit la clef de cette caisse à Bachelier, « qui — porte une déclaration — l'a toujours gardée depuis [1]. » Toute la société se mit en route le 24 ventôse (14 mars) ; Goullin et Chaux emportaient avec eux, en hommes qui n'oubliaient pas un seul instant de servir leur pays, diverses dénonciations pour des arrestations à faire faire à Reims et à Rethel [2].

Joznet, je l'ai constaté, ne comparut jamais devant le Tribunal révolutionnaire de Paris ; il est permis d'affirmer par conséquent qu'aucune suite ne fut donnée à la dénonciation de Chaux et de Goullin. Si honorée que fût alors la délation, celle-là était de nature à causer quelque embarras à ses auteurs ; mais aucun document ne nous apprend comment ils se tirèrent d'affaire. Je n'ai point retrouvé les cinq ou six lettres qu'ils écrivirent de Paris, et dont l'arrivée est mentionnée aux procès-verbaux du Comité ; il est dit seulement, à la date du 5 germinal (25 mars), que l'une de ces lettres annonce qu'ils ont reçu un accueil favorable au Comité de Sûreté générale.

Goullin, son collègue et leurs amis prolongèrent

[1] Registre des déclar. Berthault, n° 125 ; Garreau, n° 104 (Arch. mun.).
[2] Registre du Comité.

leur séjour à Paris jusqu'à la fin d'avril. Goullin estimait probablement que les cinq mois de sa vice-royauté dans la ville de Nantes lui donnaient le droit de se reposer et de se distraire. Flâner dans les rues de Paris ; assister aux séances de la Convention ; contempler face à face Robespierre, le Lycurgue et le Solon de la république ; dîner de temps en temps, soit avec Carrier et ses amis, soit avec quelques Nantais délégués à Paris pour les subsistances ; entendre, par manière de passe-temps, Fouquier-Tinville expédier quelques aristocrates au Tribunal révolutionnaire ; passer la soirée au théâtre de la Montagne, où l'on jouait le *Petit savoyard*, ou bien à l'Opéra-Comique, qui donnait *Paul et Virginie*, sujet cher à tous les créoles ; Goullin, on le comprend aisément, préférait cette manière de passer ses journées à la vie qu'il menait à Nantes, où, selon l'expression de l'un des témoins, « il n'y avait pas un seul pavé qui ne fût teint de sang humain, pas une maison qui n'eût été arrosée de larmes [1]. » Goullin songeait qu'à Nantes, où le reflux jetait parfois sur les quais des cadavres de noyés, il lui faudrait revoir chaque jour ces maisons et ces pavés ; qu'il lui faudrait aussi se laisser tutoyer par des membres de la Compagnie Marat ; écouter, à la lueur de lampes fumeuses, les vulgarités patriotiques des orateurs de la Société populaire ; siéger au Comité à côté de collègues qu'il regardait comme des imbéciles, sauf Bachelier qu'il

[1] Compte rendu du procès du *Courrier républicain*, n° du 17 frimaire an III, p. 300.

croyait capable de le trahir[1]; aussi avouait-il à l'un des membres de la Commission générale du commerce « qu'il était étonné de l'urbanité des Parisiens, de leur humanité, de leur modération. » Il prétendait néanmoins que l'esprit public de Nantes valait encore mieux que celui de la capitale, et convenait qu'il avait été trop loin dans les mesures révolutionnaires[2].

D'après le compte rendu du *Courrier républicain*, le témoin aurait ajouté, en rapportant ce propos : « Goullin tremblait, Chaux affectait de la sécurité[3]. »

Après l'affaire Joznet, l'incident le plus notable du séjour de Goullin à Paris semble avoir été la scène dans laquelle Carrier exhala son mécontentement à la nouvelle de l'exécution de Lamberty. C'était, selon Chaux, le 28 germinal (17 avril 1794) — le 1er floréal (20 avril), selon Goullin — vers neuf heures du soir, après la séance des Jacobins, dont tous les deux étaient sortis avec Carrier. « Une discussion, dit Chaux, s'était engagée entre Goullin et Carrier ; je me réunis à mon collègue. Carrier dit avec vivacité qu'il faut faire expédier le Comité, mais que ce n'est

[1] « Goullin revenant de Paris, dit devant plusieurs personnes, je serai guillotiné ; c'est ce petit j... f... de Bachelier qui nous a f... dedans, et par réflexion, il recommanda de ne rien dire de l'indiscrétion de ce propos. » Reg. des Déclar., n° 291 (Arch. municip.).

[2] Dépos. d'Alexis Mosneron, président du Tribunal de Commerce de Nantes ; *Bull. du Trib. rév.*, VII, 50.

[3] *Courrier républic.*; n° du 17 frimaire an III, 301.

pas la plus grosse affaire, qu'il faut sauver Lamberty. La nouvelle que j'avais reçue de la mort de ce dernier me pesait sur le cœur ; je brûlais d'en informer Carrier, mais je ne savais comment m'y prendre. — Mais tu penses à sauver Lamberty, as-tu fait quelques démarches pour lui, as-tu pris les moyens de le tirer d'affaire ? Si tu ne faisais que d'y penser en ce moment, peut-être ne serait-il plus temps ? Oh ! j'en réponds, réplique d'abord Carrier, je suis sûr d'en venir à bout. Alors j'affecte de reproduire mes observations, je les répète de manière à être compris de Carrier, et, pour cette fois, il m'entend, il me saisit, il entre dans ses convulsions ordinaires, et, dans sa fureur, il fait voltiger son bâton au-dessus de nos têtes. Goullin se contentait de marmotter à voix basse, mais moi, — c'est toujours Chaux qui parle, — j'ai assez d'énergie pour faire face à Carrier. Tu ne m'en imposeras pas, tu vois ici deux victimes des représentants du peuple, respecte en nous une portion de ce même peuple... Nous entrons dans un café, nous y trouvons Legendre, député, nous lui contons notre rixe avec Carrier ; il nous conseille de nous rendre au Comité de Sûreté générale ; nous nous y présentons, mais nous ne pouvons être introduits. Carrier veut se plaindre à la Convention, mais sa voix est étouffée par un cri universel d'improbation [1]. »

Le récit de Chaux, auquel Goullin ajouta ce détail que Carrier, en faisant voltiger son bâton noueux, disait : « Vos têtes me répondront de la mort de Lam-

[1] *Bull. du Trib. rév.*, VI, 368.

berty, » est assez vraisemblable. Mais Chaux et Goullin tenaient beaucoup à convaincre leurs juges que, si le Comité avait été poursuivi et mis en jugement, c'était moins pour ses crimes que par l'effet d'une rancune de Carrier, désireux de venger la mort de Lamberty [1], et il est probable qu'ils ont exagéré dans ce dessein l'ardeur du ressentiment de Carrier. La même observation pourrait s'appliquer à David Vaugeois, accusateur public de la Commission militaire, racontant son voyage à Paris, où il était allé causer avec Carrier de l'affaire Lamberty. David Vaugeois n'était pas fâché de se poser en héros, en faisant croire qu'il avait, malgré les menaces de Carrier, fait son devoir de magistrat en poursuivant Lamberty pour les noyades, tandis que, en réalité, il l'avait fait condamner pour des délits tout différents, et avait attendu pour le mettre en jugement que la condamnation de Ronsin, l'un des protégés de Carrier, eût montré qu'on pouvait sans danger attaquer les amis de ce représentant [2].

Tout le monde avait d'ailleurs intérêt à immoler Lamberty qui savait tant de choses : la Commission

[1] *Bull. du Trib. rév.*, VII, 53.

[2] *Eod.*, VI, 367; VII, 23 et 24.

Le voyage des membres de la Commission militaire eut lieu dans la première moitié de ventôse (20 février-5 mars 1794.) (Lettre de Bignon du 25 ventôse déjà citée.) — Défense de Ronsin par Carrier aux Jacobins (séance du 3 ventôse (21 février). — Départ de Chaux et Goullin pour Paris, 24 ventôse (14 mars). — Même jour accusation contre Ronsin aux Jacobins. — Exécution de Ronsin, ami de Lamberty, 4 germinal (24 mars). — Condamnation à Nantes de Fouquet et Lamberty, 25 germinal (14 avril).

militaire, le Comité, et Carrier lui-même ; la Commission militaire, parce que plusieurs de ses membres avaient été maltraités par lui, et qu'un autre membre, Lalouet, avait dû renoncer à siéger, ayant été accusé formellement par Lamberty d'avoir été son complice dans l'enlèvement des femmes contre-révolutionnaires ; le Comité, parce que Lamberty avait voulu le supplanter, et parce que sa disparition permettrait de rejeter sur lui, comme en effet la chose eut lieu, toutes les noyades de Nantes[1] ; Carrier, enfin, pour la même raison, car il ne se fit pas faute non plus d'accuser Lamberty[2] avant qu'on lui eût présenté l'original des pouvoirs qu'il lui avait donnés, original que David Vaugeois avait adroitement soustrait à Lamberty pour lui enlever tout moyen de défense, et s'en faire au besoin une arme contre Carrier[3]. Le caractère emporté de Carrier pourrait bien suffire à expliquer la scène de colère qui a été racontée; mais rien ne peut expliquer les contradictions de sa conduite en cette affaire où on le voit, après avoir été parfaitement instruit par Robin et les membres de la Commission militaire de l'accusation dirigée contre Lamberty, se porter garant devant la Convention du

[1] Bachelier, déposant comme témoin au procès des 132 Nantais, répondit au président, qui l'interrogeait sur le fait des noyades : « Ce sont des faits dont Fouquet et Lamberty déposeraient bien ouvertement, s'ils n'avaient été guillotinés pour avoir fait évader des gens suspects. » *Bull. du Trib. rév.*, VI, 102.

[2] *Bull. du Trib. rév.*, VII, 28.

[3] Déclaration de Bouchereau déjà citée, — de David Vaugeois, *Pièces remises à la Commission des Vingt et un*, p. 6.

civisme des accusateurs de celui-ci, et leur faire bon visage jusqu'à la fin dans les relation de la vie privée.

Goullin, Chaux et leur société revinrent à Nantes, le 13 floréal (2 mai), et tous avaient des soins plus pressants que celui de rendre compte des dépenses de leur voyage. Ce compte n'était point encore rendu l'année suivante. Lors du procès, Goullin affirma qu'il avait usé de la plus grande économie dans ce voyage, tant pour la nourriture que pour le logement, et qu'il n'avait été dépensé qu'une somme de 1,600 livres ; que d'ailleurs il était de notoriété publique qu'il ne possédait pas un assignat de cinquante sous dans toute la République. Le président du tribunal fit observer que de 6,000 livres reçues, 1,600 seulement étant dépensées, Chaux et Goullin auraient dû en représenter 4,400; ceux-ci connaissaient trop bien l'arithmétique pour contester la justesse de l'observation; aussi se bornèrent-ils à répondre que les personnes qu'ils avaient emmenées avec eux, n'ayant point encore soldé leur contribution dans la dépense commune, « le déficit apparent pourrait provenir de ce défaut de paiement [1]. »

[1] *Bull. du Trib. rév.*, VI, 245. Il y a dans cette page du *Bulletin* des confusions dans l'énoncé des sommes, et il se pourrait que 1,400 livres ayant été rapportées par Chaux, ils ne fussent plus tous les deux redevables que de 3,000 livres à la Caisse du Comité.

CHAPITRE IX

Causes du retour à Nantes de Goullin et de Chaux. — Animosité contre eux de l'ex-président Phelippes. — Phelippes appelé aux fonctions d'accusateur public. — Il réclame des prisonniers disparus par l'effet des noyades. — Essai par le Comité d'une dénonciation de fédéralisme contre Phelippes. — Retour du Comité à la modération. — Phelippes demande un compte des objets précieux confisqués. — L'administration du District se joint à Phelippes pour demander des comptes au Comité. — Hésitation des représentants en mission. — Le Comité demande le maintien à Nantes de la Justice révolutionnaire. — Proposition, faite par Chaux, au médecin Thomas, de dénoncer Phelippes. — Arrivée à Nantes des représentants Bourbotte et Bô. — Dénonciation non signée du Comité contre Phelippes. — Affaissement de l'autorité du Comité. — Fin de ses séances.

Le retour à Nantes de Chaux et de Goullin avait été provoqué par de toutes autres causes que l'épuisement de leurs ressources ou l'ennui de la vie de Paris. Ils ne devaient point tenter, en effet, à reconnaître la vérité du proverbe : les absents ont toujours tort. La nomination que Carrier avait faite, à la demande de Goullin, de Lepeley comme président du Tribunal révolutionnaire pour remplacer Phelippes Tronjolly, avait porté à son comble le ressentiment de celui-ci contre le Comité. Les collègues restés à Nantes n'avaient point eu assez d'influence à la Société populaire, pour l'empêcher d'obtenir, dans la séance du 5 germinal (25 mars), au scrutin épuratoire, un vote favorable à son civisme ; Phelippes s'était fait écouter pendant une demi-heure [1], et ce succès lui avait donné la confiance qu'il pourrait, sans trop de désavantage, lutter contre le Comité. Dans un mémoire imprimé [2], portant la date du 13 germinal (2 avril), il avait complété sa justification, et fait allusion à la noyade du Bouffay, ce dont Bachelier se montra fort effrayé [3]. Peu après, Phelippes était appelé par ses collègues, en sa qualité de juge élu du tribunal du District, et à défaut du titulaire [4], aux fonctions d'accusateur public. Cette situation ne pouvait manquer d'offrir à un légiste comme lui l'occasion prochaine de mettre ses adversaires en défaut.

Parmi les prisonniers du Bouffay, noyés dans la nuit du 24 frimaire, il s'en trouvait deux dont les sentences avaient été réformées par le tribunal de Cassation, qui les avait renvoyés devant d'autres tribunaux pour être jugés de nouveau. Les accusateurs publics, qui devaient connaître de ces affaires, avaient écrit à celui de Nantes de faire transférer ces prisonniers dans les villes où ils siégeaient. Phelippes

[1] Déclar. de Berthault, n° 125. — Extrait du procès-verbal de la Société de Vincent-la-Montagne.

[2] Ce mémoire figure au catalogue de la Bibliothèque de Nantes, n°' 50, 575.

[3] *Noyades, fusillades,* p. 35.

[4] Par suite de l'empêchement de Lecoq, nommé accusateur public, par arrêté de Prieur de la Marne, du 19 germinal an II (8 avril 1794). Registre du tribunal, f° 33.

adressa aussitôt, à la date du 24 germinal (13 avril), une lettre au Comité révolutionnaire, pour le prier de représenter l'un de ces prisonniers ou de faire connaître ce qu'il était devenu. Le Comité n'ayant pas répondu, Phelippes lui envoya une seconde lettre à la date du 7 floréal (26 avril), dans laquelle il visait la première et réclamait de plus le second prisonnier ; « ces deux particuliers, ajoutait-il, furent livrés le 24 frimaire au soir aux citoyens Goullin et Grandmaison, vos collègues ; faites-moi donc savoir si ces deux hommes, que je réclame, sont du nombre des 129 prisonniers, tant jugés que non jugés... qui, suivant le bruit public, ont été conduits à l'eau, et noyés d'une manière dont vous devez mieux que moi connaître les détails [1]. » Le mécontentement que cette seconde lettre causa au Comité perce au travers de cette courte mention, portée au procès-verbal de la séance du 8 floréal (27 avril). « Lettre de Phelippes, faisant soi-disant les fonctions d'accusateur public près le tribunal criminel. »

Il n'était que temps, on le voit, pour Goullin de revenir à Nantes, et même il était trop tard. Une dénonciation que le Comité s'était fait adresser contre Phelippes, par la Société Vincent-la-Montagne, pour crime de fédéralisme, et dans laquelle on avait joint au nom de l'accusateur public celui de Baco, n'avait produit aucun effet [2]. Le Comité était toujours puis-

[1] Lettre de Phelippes au Département, du 9 floréal, contenant copie de celles adressées au Comité (Arch. départ.).

[2] Registre du Comité, séance du 3 floréal (22 avril).

sant, mais la hardiesse de Phelippes lui avait enlevé une partie de ce prestige dont les pouvoirs tyranniques se passent moins aisément que les autres ; Phelippes sentait qu'après une si longue oppression, l'opinion publique venait à lui, et il marcha résolûment contre ses adversaires.

Il est facile de constater, en parcourant les procès-verbaux du Comité, à partir du 13 floréal (2 mai 94), jour du retour de Goullin, que les arrestations deviennent moins nombreuses ; presque tous les individus envoyés en prison sont des rebelles, ou présumés tels. On enregistre bien un procès-verbal « contre ceux qui ne cessent de porter des subsistances de tout genre aux détenus de l'Éperonnière, — qui mouraient de faim [1], — tandis que les bons sans-culottes, qui seuls méritent des égards, ont à peine le nécessaire [2]; » mais on prend la peine d'ordonner l'envoi aux Enfants-Trouvés d'un enfant dont les père et mère ont été guillotinés [3] et, quelques jours après, Chaux lui-même se chargera d'un enfant de treize ans, « jusqu'à ce qu'il puisse le placer avantageusement [4]. » On s'inquiète même des petits profits dont la nation pourrait être privée, et l'on fait conduire « dans les caves du Département des vins qui existent dans la maison de Coutances et qui, sans cette mesure, pourraient se gâter [5]. »

[1] *Bull. du Trib. révol.*, VI, 262 et 303.
[2] Registre du Comité, séance du 14 floréal (3 mai).
[3] *Eod.*,
[4] *Eod.*, 18 floréal (7 mai).
[5] *Eod.*, 14 floréal (3 mai).

Ces mêmes procès-verbaux portent aussi les traces des démarches de Phelippes. A la date du 21 floréal (10 mai) on lit : « Lettres de notre District, y attachée celle du nommé Phelippes, relativement aux diamants, bijoux, objets précieux et autres effets dont le dit Phelippes demande un compte [1]. » Le District, en effet, se ressouvenant de ses attributions, avait écrit plusieurs lettres pour demander les comptes décadaires, et l'une d'elles avait le ton de la menace : « Nous vous engageons à nous faire passer ces comptes au plus tôt, pour nous éviter d'en écrire au Comité de Salut public [2]. » Le registre du Comité mentionne de nouvelles lettres de Phelippes le 24 floréal (13 mai).

L'une de ces lettres était adressée au représentant du peuple Prieur de la Marne qui, ayant reçu l'ordre du Comité de Salut public de partir sans délai pour Brest, n'eut que le temps de rendre, le 24 floréal (13 mai), un arrêté portant que le citoyen Phelippes communiquerait ses sujets de plaintes à son successeur, et en attendant surseoirait à toutes poursuites.

Goullin et ses amis purent un instant respirer à l'aise ; ils en profitèrent pour écrire au District une lettre dans laquelle, ergotant sur le texte des lois, ils prétendaient n'être pas obligés au versement des sommes provenant des taxes et impositions, et soutenaient même n'avoir jamais levé de contributions forcées [3].

[1] *Eod.*, f° 53.

[2] Lettres du 12 floréal an II (1er mai 94) et du 25 floréal (14 mai). Reg. de corresp. du Distr. de Nantes, f°s 65 et 77.

[3] Lettre originale au District, datée du 26 floréal, signée

Garnier de Saintes arrivait à Nantes le même jour, 26 floréal ; Phelippes espéra qu'il trouverait en lui un appui, et il lui fit aussitôt parvenir son dossier en le priant d'en prendre connaissance. « Crains, lui disait-il, de te laisser influencer par ceux qui, se qualifiant de républicains, ne se conforment à aucune loi [1]. » Garnier de Saintes ne prit aucune décision.

L'affaire de Lamberty avait fait apprécier au Comité l'avantage d'avoir sous la main un tribunal complaisant et dévoué. Cet avantage allait lui échapper au plus fort de sa lutte avec Phelippes. Par décret du 19 floréal an II (8 mai 1794), la Convention avait ordonné la suppression de tous les Tribunaux révolutionnaires et Commissions militaires établis par les représentants dans les départements, et réservé, sauf de rares exceptions, au seul Tribunal révolutionnaire de Paris la connaissance des délits politiques. A aucun point de vue, ce décret ne pouvait plaire au Comité révolutionnaire de Nantes, qui, aussitôt qu'il en eut connaissance, « écrivit au Comité de Salut public pour demander le maintien provisoire des tribunaux révolutionnaires de cette commune [2]. »

Mais le plus pressé était de faire emprisonner Phelippes. Pour y parvenir, il fallait trouver quelque patriote honorable qui consentît à se porter son

Grandmaison, Goullin, Levêque, Chevalier, Gaullier père, Bologniel, Petit. (Arch. départ.)

[1] Lettre de Phelippes à Garnier de Saintes, du 26 floréal. (Mêmes archives.)

[2] Procès-verb. de la séance du Comité du 28 floréal (17 mai).

dénonciateur. On fit au médecin Thomas, l'un des hommes qui avaient montré dans les mauvais jours le plus de courage et le plus d'humanité, l'injure de supposer qu'il pourrait jouer un pareil rôle. Il a exposé lui-même, par écrit, dans quelles circonstances la proposition lui en fut faite par Chaux.

« Le 7 prairial (26 mai) — je cite la déclaration de Thomas — j'allai au Comité pour exposer l'état cruel des détenus de l'Hôpital révolutionnaire, dont une grande partie périssaient faute de lits. Après leur avoir indiqué les moyens de prévenir l'épidémie, ils envoyèrent ma requête à la Commission de Santé. Chaux me dit alors que, si je voulais faire une *bonne* dénonciation, bien en forme, contre Phelippes, ils me donneraient tout ce que je demandais ; qu'il était le seul qui les empêchât de faire le bien et qu'ils avaient plus de deux cent mille livres pour la salubrité de Nantes, dont ils ne pouvaient disposer. Ils me dirent (Chevalier était avec Chaux) qu'il était un f... coquin, et qu'il fallait le perdre. Je répondis au citoyen Chaux, en riant de pitié, que s'il m'avait dit cela il y a trois ou quatre mois, je l'aurais laissé mourir (Phelippes), car je l'avais guéri d'une fièvre putride qu'il avait attrapée dans la maison du Bouffay, mais que j'avais pour principe de ne dénoncer personne sans avoir des preuves. Il me dit encore d'aller au Comité de surveillance de Vincent-la-Montagne et d'y faire une bonne dénonciation avec quelques autres, contre le monstre qui les empêchait de faire du bien[1]. »

[1] Registre des Déclarations, n° 92 (Arch. municip.). Sur la

A défaut d'un dénonciateur honorable et autorisé, le Comité se chargea lui-même de la besogne.

Les représentants nouvellement envoyés en mission à Nantes étaient Bô et Bourbotte; le premier, camarade de jeunesse de Carrier, le second, son compagnon dans plusieurs expéditions militaires contre les rebelles; tous les deux s'étaient montrés, dans leurs précédentes missions, également cruels et violents. Rien n'établit qu'ils arrivaient à Nantes avec des idées préconçues contre le Comité. Leurs prédécesseurs, Ingrand et Bernard de Saintes, n'étaient point restés à Nantes assez longtemps pour se mettre au courant des intrigues de la ville et leur communiquer des impressions dans un sens ou dans l'autre.

Bourbotte venait de Paris, où il avait été, quelques jours auparavant (18 floréal-7 mai), admis au scrutin épuratoire de la Société des Jacobins [1]. Lui-même a déclaré qu'en arrivant à Nantes il ne connaissait personne, et qu'il s'adressa d'abord aux membres du Comité révolutionnaire, qui s'accordèrent à lui dire que l'aristocratie relevait la tête. Il eut avec eux les relations les plus courtoises et les invita à sa table. « Ce fut, ajouta-t-il, son accès facile qui donna lieu à

conversation de Thomas et de Chaux, les demi-aveux de ce dernier. *Bullet. du Trib. rév.*, VI, 264, et *Procès des Nantais*, VI, 90.

[1] Bourbotte arriva à Nantes à la fin de floréal, et non le 21, comme le *Moniteur* l'a imprimé, *Réimpression*, 6 frimaire an III, p. 587; le 28 floréal, il n'était pas encore arrivé (Lettre de Garnier, de Saintes). La présence de Bô n'est signalée par aucun acte antérieur au 16 prairial-4 juin 1794.

tant de dénonciations contre les membres du Comité qu'il cessa bientôt d'avoir pour eux la moindre estime [1]. »

On a accusé Bô de s'être fait l'agent des rancunes vraies ou feintes de Carrier contre les proscripteurs de Lamberty, mais l'amitié de Bô pour son compatriote ne l'empêcha pas d'émettre un vote motivé en faveur de sa mise en accusation [2], et c'eût été, ce semble, un bizarre moyen de le servir que de poursuivre, avec éclat, dans la personne des membres du Comité, les complices les plus avérés des horreurs commises à Nantes pendant le cours de sa mission.

Si Bô et Bourbotte s'étaient bornés à perdre le Comité, peut-être pourrait-on, sans trop d'invraisemblance, les présenter comme s'étant complaisamment prêtés aux vengeances de Carrier ; mais, s'il est un fait incontestable, c'est que l'arrivée de Bô à Nantes y marqua le terme de la terreur [3] ; qu'il fit, de concert avec Bourbotte, élargir des centaines de détenus, et que la mise en accusation des membres du Comité ne fut pas la seule et unique satisfaction accordée par ces représentants à la justice et à l'humanité outragées.

Le Comité, n'ayant trouvé personne pour faire contre Phelippes la *bonne* dénonciation tant souhaitée, il en envoya une à Bourbotte sans même oser la signer ; ce dont le représentant manifesta son étonne-

[1] *Bull. du Trib. rév.*, VII, 2.

[2] *Monit.* du 7 frim. an III. *Réimpression*, p. 593.

[3] Voir sur ce point les déclarations de Chaux et de Renard, *Bullet. du Trib. rév.*, VI, 265 ; VII, 10.

ment dans une lettre ainsi résumée dans le procès-verbal de la séance du Comité du 10 prairial (29 mai) : « Lettre du représentant Bourbotte, concernant l'acte d'accusation contre Phelippes-Tronjolly, par laquelle il dit que c'est sans doute par erreur que les membres du Comité n'ont point signé cet acte, car il pense que le Comité n'aurait pas voulu dire ce qu'il n'aurait pas osé signer. » Cette dénonciation existe encore, et je la crois de l'écriture de Bachelier, avec quelques retouches de la main de Goullin et de celle de Chaux ; les dix premiers chefs d'accusation peuvent se résumer en deux mots : Phelippes a été d'abord un royaliste et il est devenu un prôneur de fédéralisme. Mais l'accusation portait sur d'autres points ; le Comité faisait un crime à son ennemi d'avoir essayé de défendre les détenus des prisons contre ceux qui voulaient les prendre pour les noyer ou les fusiller en masse :

« 11° Le Comité l'accuse (Phelippes) d'avoir traité de journée de deuil, de massacre exécrable, les mesures révolutionnaires exercées contre des brigands ou des scélérats reconnus ; les mesures nécessitées par les circonstances, arrêtées par les administrations réunies, sollicitées par la clameur publique, commandées enfin par la première des lois, le salut du peuple, et autorisées par des représentants. »

« 12° Le Comité l'accuse d'avoir improuvé les journées salutaires des 1er et 2 septembre, en traitant de *septembrisation* les scènes qu'il réprouvait et pour lesquelles il poursuit les exécuteurs. »

« 13° Le Comité l'accuse, lors d'une translation de prisonniers, que dictaient les menaces d'une contagion prochaine, la pénurie des subsistances, et une insurrection éclatée dans les prisons, d'avoir fait afficher avec profusion une ordonnance perfide [1] tendant à soulever le peuple contre cette démarche soi-disant illégale, en lui peignant les auteurs comme des hommes de sang, comme des ennemis des lois. »

D'autres paragraphes étaient consacrés à établir que si Phelippes poursuivait le Comité, c'était pour se venger de ce qu'il lui avait refusé un certificat de civisme.

Bourbotte, dans sa déposition au procès, a parlé d'un autre acte d'accusation beaucoup plus étendu que celui-là, et contenant cent trente-deux articles, qui lui fut adressé quelques jours après. « Les dernières dénonciations, dit-il, comme les premières, n'étaient revêtues d'aucune signature ; j'en fis l'observation au Comité, je lui adressai même une lettre à ce sujet, et cette lettre demeura fort longtemps sans réponse ; enfin, fatigué de ce silence, je réitère mes instances auprès du Comité pour obtenir satisfaction ; alors deux de ses membres viennent me faire une réponse verbale ; je leur observe que dans une dénonciation aussi sérieuse que celle qui m'était soumise, et dans laquelle la chose publique était des plus com-

[1] Ordonnance du 7 nivôse an II (27 décembre 1793), imprimée le 11 du même mois, qui avait pour but d'empêcher la violation des maisons de justice et d'arrêt, sans un décret de la Convention ou un ordre des représentants du peuple.

promises, on ne pouvait correspondre que par écrit, parce qu'une dénonciation n'avait de force qu'autant qu'elle était signée des dénonciateurs..... J'étais bien éloigné d'ajouter foi à ces dénonciations ; j'étais persuadé que le Comité n'agissait que par des motifs particuliers d'animosité, et j'étais certain d'avance qu'il refuserait de signer sa dénonciation, parce qu'il la jugeait lui-même mal fondée [1]. »

La dernière séance du Comité dont le procès-verbal ait été inscrit sur le registre, fut celle du 10 prairial (29 mai), et l'on y voit mentionnée, en outre de la lettre de Bourbotte, la mise en liberté de dix-sept individus sur l'ordre de ce représentant. Aucun arrêté n'avait prononcé la dissolution du Comité ; il avait suffi que l'opinion publique cessât d'être comprimée pour que son autorité s'évanouît, et qu'il cessât d'exister. De toutes parts on lui demandait des comptes ; les représentants voulaient avoir la liste des détenus et les motifs d'incarcération ; le District demandait le compte des recettes et des dépenses ; Goullin et ses collègues avaient fort à faire pour rassembler les feuilles volantes où avaient été négligemment jetées des notes fort incomplètes.

[1] Déposit. de Bourbotte, *Bull. du Trib. rév.* VII, 1.

CHAPITRE X

Continuation des accusations de Phelippes contre le Comité. — Apposition d'une affiche du Comité pour solliciter du public des indications sur les sommes versées à titre de dons. — Le Comité se décide à envoyer des comptes au District. — Lettres de Goullin. — Il refuse la place de garde-magasin des marchandises anglaises. — Bruit de son départ pour Paris. — Renseignements sur les noyades demandés au Comité par Bô et Bourbotte. — Insistance de ces représentants pour obtenir le compte exact des taxes perçues par le Comité. — Politique du Comité de Salut public. — Arrestation de Phelippes et des membres du Comité. — Récriminations de Goullin. — Proclamation des représentants. — Illégalité de la résistance du Comité à rendre compte des taxes perçues.

Cependant Phelippes ne s'endormait pas ; le 12 prairial (31 mai), il rendait une ordonnance portant que les membres du Comité « ayant fait conduire dans leurs demeures, à Nantes, des vins, bois à brûler et autres objets provenant des maisons d'émigrés ou gens suspects, sans avoir acheté lesdits objets, et sans en avoir tenu compte à la nation..., il serait informé du divertissement, » à l'effet de quoi des témoins seraient assignés, etc. ; l'ordonnance portait de plus qu'il serait informé de divers bris de scellés.

Dès le lendemain, le Comité était forcé d'avouer qu'il était dans l'impossibilité de nommer les gens qui lui avaient fait des versements, et de déterminer le montant des sommes versées. L'aveu était public, car il consistait en une affiche imprimée contenant invitation à toutes les personnes qui avaient fait des dons de venir s'inscrire sur un registre[1]. Il est facile de s'imaginer l'effet que dut produire ce document dans une ville où les honnêtes gens, qui avaient été forcés si longtemps de courber la tête, obtenaient enfin cette revanche de voir le Comité, embarrassé, se mettre en quelque sorte à la merci de leurs déclarations. La prétention du Comité était, il est vrai, d'obtenir en même temps des déclarants la reconnaissance qu'ils avaient, spontanément et de leur plein gré, apporté leur argent ; mais le Comité était à ce moment trop affaibli pour pouvoir exiger des déclarants la complaisance d'un officieux mensonge.

Deux comptes furent néanmoins établis : le premier comprenait les matières d'or et d'argent et les bijoux envoyés à la Monnaie, avec mention des reçus du directeur ; il fut imprimé et porte la date du 7 prairial an II (26 mai 1794) ; le second, arrêté par Goullin, comprenait les valeurs saisies sur les condamnés et émigrés, et ne disait mot des sommes provenant des versements soi-disant spontanés faits au Comité, et qui étaient beaucoup plus considérables ; d'après ce dernier compte, le Comité avait versé au receveur du district 73,838 liv. 2 sous, dont 16,974 liv. 6 sous en numéraire et le reste en assignats.

[1] Déposit. de Lenoir, *Bull. du Trib. rév.*, VI, n° 97, 398 ; de Bourbotte, *eod.*, VII, 1 et 4.

Deux lettres, de la main de Goullin, en date du 17 prairial (5 juin), accompagnaient les deux comptes :

1° « Aux administrateurs du District de Nantes :

« Nous nous empressons de vous envoyer l'état imprimé de l'argenterie saisie et déposée par nos soins à la ci-devant Monnaie de Nantes. — Mille marcs d'argent au moins dans les coffres de la République valent une victoire pour elle, et sont une défaite pour les propriétaires suspects qui, peut-être, en eussent soudoyé nos ennemis. — Salut et attachement. — Signé : GRANDMAISON, GOULLIN[1]. »

2° Même intitulé que ci-dessus :

« Le Comité révolutionnaire de Nantes : Ci-joint le compte des diverses sommes saisies sur les brigands, gens suspects, émigrés et autres. — Au pied le reçu de Vallin aîné, receveur du District, de la somme de 73,838 liv. 2 sous. — Déjà nous vous l'avions fait passer, mais vous eûtes la bonté de nous le rendre, afin que nous le transmissions au représentant qui le demandait. Excusez notre négligence, si nous ne l'avons pas réexpédié plus tôt. Une autre fois mieux. Salut et amitié. Signé : GRANDMAISON, GOULLIN, C.-F. PETIT, BACHELIER. »

La forme polie de ces lettres fait assez voir que Goullin n'était plus au temps où il parlait avec emphase du *carreau populaire*. Il sentait même si bien que les fonctions de membre du Comité révolutionnaire allaient lui échapper, qu'il songeait à se pourvoir

[1] Arch. départementales. Pièces originales.

ailleurs d'une autre situation. La place de garde-magasin à Nantes des marchandises anglaises lui ayant été offerte [1], il avait décliné cette offre, probablement dans l'espoir d'obtenir à Paris un emploi, dont le moindre avantage n'eût pas été celui de lui fournir un prétexte plausible de quitter Nantes sans espoir de retour. Un de ses amis lui écrivait, à la date du 14 prairial (2 juin) : « On m'assure que tu quittes cette ville pour une place à Paris, et que ton départ est très prochain. [2] » C'était pour motiver son départ qu'il s'était fait donner une mission, par le Conseil général de la commune de Nantes, auprès de la Commission du Commerce et des Arts, et qu'il avait obtenu de Renard, le 16 prairial (4 juin), le passeport pour Paris dont il a été parlé au début de ce travail.

Des raisons graves purent seules le retenir; peut-être trouva-t-il plus expédient à sa sûreté de ne pas déserter le terrain de la lutte; peut-être ses collègues, ou même les représentants, exigèrent-ils qu'il demeurât? Bô et Bourbotte devenaient chaque jour plus pressants; les deux états envoyés au District ne les avaient point satisfaits; le 18 prairial (6 juin), ils requéraient du Comité, dans les vingt-quatre heures, l'apport d'un état *exact et détaillé* de tous les dépôts

[1] Délibération du District de Nantes du 4 prairial an II (23 mai 1794).

[2] Lettre d'un nommé Morel (Papiers du Comité révolutionnaire. — Arch. dép.). Parmi les objets trouvés lors de l'inventaire de Petit, membre du Comité, il se trouvait un paquet portant la mention qu'il avait été remis par Goullin, « la veille du jour qu'il devait partir pour Paris. » (Mêmes archives.)

qui avaient pu leur avoir été faits. Portant leurs exigences sur un autre terrain, ils demandaient aussi « la copie certifiée de l'ordre que plusieurs membres du Comité ont déclaré plusieurs fois verbalement avoir reçu du représentant du peuple Carrier, pour accélérer le jugement et le supplice des brigands de la Vendée pris les armes à la main, par une submersion générale dans la Loire [1]. »

La dernière phrase de ce document mérite quelque attention, car elle tendrait à établir que les membres du Comité auraient prétendu, dans leurs conversations, avoir reçu de Carrier un ordre général concernant l'exécution des noyades. C'était Phelippes encore qui avait attiré sur ce point l'attention des représentants, en faisant transcrire sur le registre du tribunal, le 18 prairial, l'ordre du Comité au concierge du Bouffay, d'avoir à livrer les détenus, ajoutant à cette transcription l'injonction au concierge de ne se dessaisir de la pièce originale qu'en vertu d'un jugement du tribunal, ou des ordres des représentants du peuple.

Le 22 prairial (10 juin), nouvelle lettre de Bô et Bourbotte, pour engager le Comité à déclarer si les États de comptabilité remis sont complets et exacts [2]. Le Comité n'ayant point répondu, une nouvelle sommation lui fut adressée par les mêmes représentants :

Nous vous répétons, citoyens, qu'il est nécessaire ue vous nous donniez, sur les comptes que vous

[1] Arrêté de Bô et Bourbotte. Registre spécial (Arch. dép.)

[2] Manuscrit de Verger sur la Commune de Nantes, f° 565. ibl. pub.).

nous avez rendus, l'assurance que ces comptes sont exacts et que vous n'en avez pas d'autres à nous fournir. Nous attendons votre réponse à la lettre que nous vous avons écrite hier, et nous ne ferons pas partir nos paquets pour le Comité de Salut public, que vous ne nous l'ayez envoyée [1]. »

Cette lettre, de même que celle du 26 prairial, adressée à Phelippes par le Comité de Sûreté générale [2], suffirait à établir que Bô et Bourbotte ne prenaient par eux-mêmes aucune décision importante, et n'agirent, en tout cela, que conformément aux ordres des deux Comités auxquels la Convention avait remis le gouvernement du pays.

Les hommes politiques de ce temps-là, et je désigne ainsi les meneurs de la Convention, ceux qui avaient réussi à surnager dans le torrent d'événements dont le cours précipité entraînait tous les partis, ne savaient guère où ils allaient ; et, avant de chercher à deviner leurs plans, il faudrait être bien assuré qu'ils ne vivaient pas au jour le jour ; on peut observer néanmoins, dans les actes du Comité de Salut public, aux premiers jours de mai 1794, une tendance à modérer la tyrannie et la violence des agents révolutionnaires en province, en même temps que ce Comité s'efforçait de concentrer à Paris, dans un rayon étroit soumis à son observation directe, tout l'effort de la Terreur.

[1] Copie de lettres des représentants ; lettre du 23 prairial. (Arch. dép.).

[2] *Noyades, fusillades,* p. 91.

La loi du 19 floréal (8 mai), portant suppression de tous les Tribunaux révolutionnaires et Commissions militaires établis dans les départements par les représentants, peut être regardée comme une loi de clémence pour les départements, tandis que la loi du 22 prairial an II (10 juin 1794), sur la procédure et la compétence du Tribunal révolutionnaire de Paris, devait faire de la salle des séances de ce tribunal un simple vestibule de la guillotine [1].

Plus que toutes les autres villes de province, Nantes profita de cette tendance du Comité de Salut public, dont la mission de Bô et de Bourbotte ne fut pas le symptôme le moins significatif. Bien que la Trésorerie nationale, instruite de l'affaire des comptes du Comité de Nantes, eût écrit d'exiger des membres qu'ils les rendissent rigoureusement [2], il dépendait du Comité de Salut public d'arrêter les poursuites; l'austérité n'était pas portée à ce point qu'on ne pût avoir quelque indulgence pour des concussionnaires bien pensants. Le Comité de Salut public était, comme on l'a vu, parfaitement instruit, et c'est parce qu'il le voulut bien qu'il laissa libre cours à la justice.

En effet, la double sommation faite au Comité révolutionnaire étant demeurée sans réponse, Bô et Bourbotte prirent, dans la journée du 24 prairial (12 juin 1794), un arrêté ordonnant à l'agent national du District de Nantes de mettre sur le champ en ar-

[1] Voir ces deux lois, Duvergier, *Collect. de lois*, t. VII, p. 159 et 191.

[2] Lettre originale de la Trésorerie du 9 prairial an II.

restation Goullin, Bachelier, Gaullier père, Petit, Chevalier, Chaux, Levêque, Perrochaux, Mainguet, Grandmaison et Bollognel, secrétaire.

Par un arrêté en date du même jour, ordre était donné d'arrêter Phelippes et « de le conduire de suite au Tribunal révolutionnaire séant à Paris, pour y être jugé sur les faits qui lui étaient imputés par le Comité révolutionnaire dans la dénonciation en date du 12 de ce mois [1]. » Bourbotte a déclaré lors du procès, ainsi qu'on l'a pu voir, qu'il était fort éloigné d'ajouter foi à cette dénonciation, mais la chose lui importait peu : il frappait à droite comme à gauche ; la République reconnaîtrait les siens. Tous furent écroués au Bouffay ; les scellés furent mis sur leurs papiers dans leurs domiciles respectifs, et sur les portes du local affecté aux séances du Comité (Palais de la Chambre des Comptes) [2].

« Nous avons eu bien du malheur, dit Chaux, en entrant au Bouffay, de n'avoir pas fait incarcérer ce scélérat de Phelippes à notre arrivée de Paris ; Goullin et moi le voulions, et si nous l'eussions fait, la procédure qu'il a instruite contre nous n'aurait pas eu lieu [3]. » Phelippes, néanmoins, était le plus maltraité, puisqu'il devait, peu après, être expédié au Tribunal révolutionnaire de Paris. Quant à Goullin,

[1] Arrêté de Bô et Bourbotte, du 24 prairial an II (Arch. Dép.).

[2] Phelippes fut écroué au Bouffay, ainsi que les membres du Comité, dans la nuit du 24 prairial ; les scellés furent mis aux trois portes du Comité, par Renard (Proc.-verb., mêmes arch.).

[3] *Noyades, fusillades*, p. 37.

qui aux jours de sa puissance plaisantait les malheureux qu'il envoyait à l'Entrepôt, il avait encore, six mois après son arrestation, des accents indignés pour se plaindre de la violation des formes à son égard, de l'apposition des scellés sur ses papiers, et surtout de sa détention « dans une prison destinée à recevoir les plus grands scélérats [1]. »

Après l'exécution de leur arrêté, les Représentants écrivirent aussitôt à la Société populaire de Vincent-la-Montagne que, dans la soirée, à la séance publique, ils informeraient « les membres, ainsi que les citoyens qui occupent les tribunes », des motifs de l'arrestation du Comité [2]; mesure qu'ils savaient d'avance devoir être accueillie avec faveur par la Société [3]. Dans une proclamation qui fut imprimée et affichée, et dont le premier alinéa appliquait aux membres du Comité l'épithète de scélérats, ils disaient : « Le Comité vient d'être mis en arrestation, c'est l'opinion publique qui l'accuse... c'est au peuple de Nantes à le juger, à démasquer son intrigue, ses infidélités, ses exactions. C'est au Comité à justifier sa conduite [4]. » Tous les citoyens furent, en même temps, invités à exposer par écrit leurs plaintes ;

[1] *Bull. du Trib. rév.*, VII, 3 et 10.

[2] Lettre du 25 prairial an II, registre de copies de lettres des représentants Bô et Bourbotte (Arch. dép.).

[3] « Je n'ai fait que suivre le vœu du peuple, dit Bourbotte, en faisant incarcérer le Comité, et les procès-verbaux de la Société en fournissent une preuve bien concluante. » *Bull. du Trib. rév.*, VII, 3.

[4] Registre de copies de lettres déjà cité. « Bô déclare, comme son collègue Bourbotte, que toute la Commune de Nantes se

« elles affluèrent de toutes parts [1]. » Souvent, on a pu le voir, j'ai invoqué l'autorité de ces déclarations, qui furent reproduites, avec plus ou moins de développements, de vive voix en présence des accusés, lors de leur comparution au Tribunal révolutionnaire de Paris.

L'une des premières déclarations, portant la date du 26 prairial (14 juin), fut celle d'un orfèvre nommé Jutard; elle avait pour objet de signaler l'absence, dans les états fournis par le Comité, de mention des diamants de Mme Grou.

Le 1er thermidor (19 juillet), la Commission nommée par Bô et Bourbotte pour remplacer le Comité et faire l'inventaire de ses papiers, armoires et dépôts, écrivait à Bô :

« Nous t'envoyons le bordereau des assignats et du numéraire trouvés dans les armoires et tiroirs du ci-devant Comité révolutionnaire, montant ensemble à la somme de 87,358 livres 15 sous 3 deniers. Nous déposerons ladite somme, demain, chez le citoyen Vallin, receveur du District. Nous nous occupons aussi des inventaires des bijoux, armes, ornements d'église et autres effets appartenant à la République [2]. »

plaignait des arrestations journalières et que tout le monde craignait pour son existence. » *Bull. du Trib. rév.*, VII, 7.

[1] *Bull. du Trib. rév.*, VII, 3.

[2] Lettre originale signée : Monet, président, Paillou, Audat, Picault, Houget, Davert, Vagnière, Jacques Martineau. — L'inventaire des effets trouvés dans les dépôts du Comité, commencé le 27 thermidor an II, et clos le 3 fructidor an II, comprend

J'ai vainement recherché, sans pouvoir les découvrir clairement, les motifs de l'obstination du Comité à conserver dans ses caisses cette somme de 87,000 livres. La prétention de ne pas se dessaisir des sommes remises par les citoyens à titre de dons soi-disant volontaires, parce que ces dons étaient de véritables cadeaux faits au Comité, n'a jamais été nettement formulée. Bachelier, interrogé à ce sujet comme témoin dans le procès des 132 Nantais, dit avoir cru devoir garder les résultats de la collecte volontaire, « jusqu'à ce qu'on lui en eût demandé un compte [1]. » Ce compte, on a vu avec quelle insistance Bô et Bourbotte l'avaient demandé, et cette impatience des représentants à le demander fut même plus tard le sujet de reproches violents qui leur furent adressés par Goullin [2]. Les lois commandaient incontestablement la restitution et quand, pour justifier la perception de ces dons soi-disant volontaires, les membres du Comité invoquaient les lois qui autorisaient les Comités révolutionnaires à lever des taxes, et notamment la loi du 16 frimaire an II [3], ils reconnaissaient

22 grandes pages in-f°. On y voit mentionnés des objets de toute espèce : objets du culte, vêtements, livrées, etc. — Dans un nouveau travail, fait en vue d'opérer la restitution d'une partie des objets saisis (6 floréal an III), on trouve la mention de 83 draps, de 272 chemises, de 1,027 serviettes. (Arch. dép.). — Le 3 pluviôse an IV (22 janvier 1796), on s'occupait encore de la vente des effets saisis par le ci-devant Comité révolutionnaire (Émigrés, série Q, vol. 12, f° 189, mêmes archives).

[1] *Bull. du Trib. rév.*, procès des Nantais, VI, 102.

[2] *Eod.*, VII, 9. « Il nous était impossible de satisfaire sur le champ à tant de demandes réunies. »

[3] Duvergier, *Coll. de lois*, VI, 326 ; voir aussi, sur la portée

apparemment que ces dons n'étaient pas autre chose que de véritables taxes révolutionnaires. En admettant même que, postérieurement à cette loi, ils aient eu le droit de lever de pareilles taxes sans un décret de la Convention [1], aucun doute ne saurait exister sur l'obligation étroite d'en rendre compte. « Il faut, disait Cambon, le financier de la Convention, que toutes les taxes parviennent au trésor public, car, attaquer les richesses pour devenir riche, c'est se mettre à la place des tyrans ; » et la Convention avait voté, sur sa demande, que les Directoires de Districts seraient tenus d'envoyer la note de toutes les taxes révolutionnaires imposées dans leur arrondissement [2]. Le 15 nivôse an II, la Convention avait décrété, sur la proposition de Merlin de Thionville, que « tous les Comités révolutionnaires qui ont perçu ou fait percevoir des taxes révolutionnaires, sous quelque dénomination que ce soit, qui n'étaient point exigées comme impositions par la République, seraient tenus de rendre leurs comptes, et que ces comptes seraient imprimés et affichés en placard ; le nom des imposés, et la quotité des sommes payées,

de ce décret, les paroles de Charlier, séance de la Convention du 19 frimaire an II. *Réimpression du Moniteur,* t. XVIII, 629. — Cette loi fut invoquée par Chaux, *Bull. du Trib. rév.*, VII, 3, et par Bachelier, *Mémoire pour les acquittés,* p. 31.

[1] Un décret parut nécessaire pour lever, dans la Commune de Mirecourt, une taxe sur les riches égoïstes (Séance de la Convent. du 12 nivôse an II).

[2] V. le discours de Cambon, séance de la Convent. du 26 frimaire an II. *Réimpress. du Monit.,* t. XVIII, 680.

des effets donnés... afin que chacun puisse se convaincre que les sommes payées ont réellement été versées dans le trésor public [1]. » Goullin avait pu entendre de ses oreilles Cambon annoncer à la Convention qu'un grand-livre allait s'ouvrir, « où seraient portés comme comptables tous ceux qui ont eu en maniement les deniers de la République. Les informations à cet égard sont commencées, disait-il; on n'oubliera ni les hommes à longues moustaches et à bonnets rouges, qui sont allés dans les département et y ont levé des taxes révolutionnaires, ni ceux qui, sous prétexte de détruire le fanatisme, s'en sont appropriés les reliques et les dépouilles [2]. » Deux arrêtés du Comité de salut public, l'un du 1er prairial an II, l'autre du 27 prairial de la même année, eurent encore pour objet la restitution des taxes. Le premier [3] enjoignait à tous les dépositaires de n'en point différer le versement, même sous le prétexte de restitutions à faire, et le second réglait une simple question d'uniformité à introduire dans la disposition des comptes [4]. Certains délais étaient naturellement accordés pour établir cette uniformité, et Bachelier, dans sa disette d'arguments présentables, osa se plaindre d'avoir été privé du bénéfice de ces délais, que Bourbotte eût été bien en peine d'observer au moment de l'arrestation, puisque l'arrêté

[1] *Réimpress. du Monit.*, t. XIX, 137.
[2] Séance du 13 germinal an II. *Eod.*, t. XX, 119 et 130.
[3] *Monit.* du 15 prairial an II, même vol., p. 620.
[4] *Monit.* du 1er messidor an II, t. XXI, 5.

qui les établit est postérieur à cette arrestation [1]. La conduite des Représentants fut donc parfaitement régulière ; le Comité avait voulu continuer de se mettre au-dessus des lois.

[1] *Mémoire pour les acquittés*, 5e chef.

CHAPITRE XI

Dilapidations du Comité établies par l'enquête. — Renvoi de ses membres devant le Tribunal révolutionnaire de Paris, pour y être jugés. — Départ des accusés. — Leur voyage. — Leur désespoir à la nouvelle de la chute de Robespierre. — Effets du 9 thermidor. — Publication à Paris de la relation du voyage des 132 Nantais. — Procès et acquittement de ceux-ci. — Goullin entendu comme témoin. — Conséquence de ce procès pour les membres du Comité révolutionnaire de Nantes. — Goullin au Tribunal révolutionnaire de Paris. — Mise en accusation de Carrier. — Courants divers de l'opinion publique à ce sujet. — Les témoins amis des membres du Comité hostiles à Carrier. — Appréciation des débats par le témoin Laënnec.

On a peut-être remarqué que l'arrêté du 24 prairial qui ordonnait l'arrestation des membres du Comité, ne les renvoyait pas, comme Phelippes, au Tribunal de Fouquier-Tinville; ce qui montre que l'intention avait été d'abord de les traduire devant le Tribunal criminel du Département, aux termes de la loi du 7 frimaire an II [1], comme auteurs de divertissements commis dans la garde de meubles appartenant à la République. Ce fut seulement quarante jours plus tard, et sur le vu des déclarations « qui avaient afflué » à la Municipalité, que Bô ordonna leur renvoi au Tribunal révolutionnaire de Paris, par un arrêté

[1] *Coll. de lois,* VI, 304.

du 6 thermidor (24 juillet), dont voici les motifs :

« Considérant que le résultat des dépositions et déclarations faites à la Municipalité prouve l'abus de pouvoirs de plusieurs membres, des actes arbitraires, des arrêts de mort qui ont sciemment confondu l'innocent avec le rebelle, une négligence suspecte dans la tenue des registres, une dilapidation scandaleuse dans les effets pris chez des particuliers, une immoralité révoltante ; arrête que les nommés Goullin, Chaux, Bachelier, Grandmaison, Perrochaux, Levêque, Naux, Bollognel, tous membres du Comité révolutionnaire de Nantes, seront traduits, sans aucun délai, au Tribunal révolutionnaire de Paris [1]. »

Le voiturier Dardare, dont le fouet claquait pour tout le monde, car il avait conduit le convoi des 132 Nantais à Paris, et avait choisi la berline pour le gai voyage de Goullin à Paris en ventôse, fut requis de tenir prêtes trois voitures pour minuit [2]. Le hasard fit que l'on adjoignit aux membres du Comité, comme compagnon de voyage également destiné au Tribunal révolutionnaire, un capitaine de navire nommé Abram, qui arrivait de Brest, et qui aurait sans doute préféré une autre société ; Abram était accusé « d'avoir arboré à son bord la cocarde blanche, sur laquelle était écrit : Vive Louis XVII, et d'avoir dit que les membres de la Convention étaient tous des scélérats qui méritaient la corde [3]. »

[1] Pièces originales.

[2] Pièces originales.

[3] Dénonciation de Brest, du 28 messidor an II (16 juillet 1794). Lettre de Bô.

C'est par lui que l'on a connu le désespoir de ses compagnons de voyage, à la nouvelle de la chute et de la mort de Robespierre, qu'ils apprirent sur la route, avant d'arriver à Versailles. « Goullin prit sa tête à deux mains et, la laissant tomber sur ses genoux, s'écria : *Ah ! Ciel, est-il possible !* — Grandmaison dit : *Si cela est, nous sommes perdus !* — Chaux, donnant tous les signes du désespoir, se prenant aux cheveux et pleurant, fit entendre plusieurs exclamations. Un gendarme s'en étonna et chercha à les rassurer sur ce que la nouvelle de la chute de Robespierre n'était pas encore confirmée... Abram ne put s'empêcher de témoigner de l'étonnement, en voyant un tel désespoir et en entendant des exclamations qui lui parurent extraordinaires. Grandmaison lui répondit : *Robespierre est notre défenseur ; s'il est perdu, nous sommes f...* [1].

Il est fort douteux que Robespierre les eût défendus, par l'excellente raison que Robespierre, qui a perdu froidement presque tous ses amis les uns après les autres, et qui, grâce à Dieu, finit par se perdre lui-même, n'aurait point supporté que le Comité de Salut public fît venir à Paris des gens qu'il aurait voulu sauver. Chaux était beaucoup plus près de la vérité, quand il déclara plus tard, dans le cours du procès, dont chaque séance chargeait davantage la responsabilité de Carrier, l'agent principal, et ne dégageait nullement celle de ses complices : « Sans la

[1] *Relation du voyage des cent trente-deux Nantais*, envoyés à Paris, 30 thermidor an II, p. 43.

révolution du 9 thermidor, nous ne serions plus ; on aurait formé de nous toute une charretée, on nous aurait conduits à l'échafaud, sans nous entendre. Nous devons tous rendre justice au tribunal, car la manière dont on a instruit notre procès a découvert des coupables. On avait un grand intérêt à nous sacrifier, on voulait tout ensevelir avec nous [1]. »

Il est peu probable, en effet, que le Tribunal révolutionnaire eût fait des façons pour condamner les membres du Comité révolutionnaire de Nantes, s'ils avaient été traduits à sa barre. Fort heureusement pour eux, la Convention avait, après le 9 thermidor, suspendu les séances de ce tribunal, bien que juges et jurés fussent venus la féliciter d'avoir détruit la faction de Robespierre ; elle avait aussi abrogé la terrible loi du 22 prairial et ordonné le remplacement de plusieurs des juges, les plus compromis avec la faction proscrite. Sur la proposition de Bourbon de l'Oise, il avait été en outre décrété que les juges prononceraient sur la question intentionnelle, de telle sorte que les accusés pussent être acquittés, malgré la constatation de certains faits coupables, s'il apparaissait que ces faits n'avaient point été accomplis avec des intentions contre-révolutionnaires [2].

Non contents de sauver leur tête, Goullin et ses complices auraient peut-être échappé aussi aux malé-

[1] Compte rendu du procès du Comité, séance du 9 frimaire an III. *Mercure français*, n° du 30 frim., p. 189.

[2] Campardon. *Le Tribunal révolutionnaire de Paris*, in-8°, t. II, 429. *Moniteur* du 24 thermidor an II. *Réimpress.*, p. 448.

dictions de la postérité, sans les Nantais qu'ils avaient envoyés à Paris. Quatre-vingt-douze de ces malheureuses victimes de leurs ressentiments, qui avaient survécu à tous les périls, languissaient oubliées à Paris, dans diverses maisons de détention [1], et, par un juste retour des choses d'ici-bas, c'est de leur bouche qu'allait sortir le cri d'indignation qui attira l'attention publique sur la conduite du Comité révolutionnaire de Nantes et du représentant Carrier.

Trois d'entre eux, patriotes avérés, Peccot, Pineau du Pavillon et Villenave qui avaient, dès avant le 9 thermidor, mis en commun leurs souvenirs et rédigé une relation de leurs malheurs, la firent imprimer à la fin de thermidor. La liberté de la presse, que le régime déchu n'avait pas moins maltraitée que les autres libertés, venait tout justement d'être proclamée et acclamée à la Convention [2]; le moment d'ailleurs était favorable pour demander justice d'un emprisonnement qui durait depuis neuf mois. Des porteurs, chargés de faire parvenir à la Convention un ballot de six cents exemplaires de la *Relation*, cédèrent à la tentation de les crier et de les vendre

[1] Une lettre de rappel fut adressée au sujet des Nantais, par Bô, à l'accusateur public de Paris, le 17 thermidor an II (4 août 1794). Après avoir dit, dans cette lettre, que certains Nantais sont les victimes de vengeances particulières, il ajoute que plusieurs sont véritablement coupables de fédéralisme, et il invite à les mettre en jugement, en se servant du dossier qu'il a formé et qu'il adresse à Paris (Registre de copies de lettres de Bô. Arch. départ.).

[2] Séance du 19 thermidor an II (6 août 1794). *Réimpress. du Monit.*, XXI, 413.

dans la rue pour leur propre compte ; leur succès fut complet ; des exemplaires se vendirent dix francs, et pendant plusieurs jours il fallut réimprimer la brochure pour satisfaire à l'empressement des acheteurs [1]. Tout Paris s'intéressa au sort des Nantais, et leur affaire ne tarda pas à être mise au rôle du Tribunal révolutionnaire, devant lequel ils furent appelés le 22 fructidor an II (8 septembre 1794), pour répondre à des chefs d'accusation fort divers [2]. Ceux d'entre eux qui étaient patriotes étaient accusés de menées fédéralistes ; les autres, qui étaient en réalité des royalistes, les Pellerin, les de Fleuriot, les Pichelin, les Bascher, etc., avaient à répondre de faits qui témoignaient, d'une façon plus ou moins grave, de leurs sympathies pour les rebelles de la Vendée.

Leur procès était à peine commencé que Merlin de Thionville avait déjà intéressé la Convention à leur sort en signalant, comme une manœuvre, l'arrestation de l'avocat Réal, qui avait accepté de les défendre. « On a voulu l'en empêcher, dit Merlin, parce qu'on savait qu'il aurait indiqué les vrais coupables, et qu'il aurait fait traîner à l'échafaud les vrais conspirateurs et leurs complices. (Mouvement d'indignation) [3]. »

[1] *Biographie universelle* de Michaud (biographie de Réal), t. LXXVIII, p. 378.

[2] Le procès des Nantais est compris dans les n°s 16-26, pages 62-103, de la sixième partie du *Bulletin du Tribunal révolutionnaire*. — Il est fort abrégé dans le *Moniteur*, n°s du 30 fructidor an II et suiv.

[3] Séance du 24 fructidor an II. *Réimpression*, p. 725.

Goullin fut, dans ce procès, l'un des principaux témoins entendus ; ignorant sans doute le mouvement de l'opinion publique et sans remords des tourments qu'il avait contribué pour une si large part à infliger à ces malheureux, il chargea autant qu'il put les accusés ; mais les répliques sanglantes qu'il s'attira intervertirent bientôt les rôles, et le procès n'était pas achevé que les témoins étaient devenus les véritables accusés pour la foule avide de ces débats. En quelques mots, l'avocat Tronson-Ducoudray caractérisa la situation : « Il suffit, dit-il, citoyens jurés, d'avoir jeté un coup d'œil sur les figures des accusateurs pour être pleinement convaincus que le crime accusait l'innocence [1]. » Les Nantais furent tous acquittés, et leur acquittement avait mis en évidence les persécuteurs et les accusateurs.

Dans la séance du 22 vendémiaire an III (13 octobre 1794), un membre de la Convention demanda « que le Tribunal révolutionnaire s'occupât, toute affaire cessante, de juger les membres du Comité révolutionnaire de Nantes, prévenus d'être les principaux auteurs des atrocités qui ont eu lieu dans le département de la Loire-Inférieure. » André Dumont, faisant allusion à d'autres coupables, qui pouvaient se trouver sur les mêmes bancs que lui, insista pour que justice fût faite contre tous ceux qui se trouveraient compromis. Sa proposition fut décré-

[1] *Courrier républicain*, 2e sans cul. an II. — 18 sept. 1794, p. 141.

tée[1], et, dès le lendemain, les membres du Comité révolutionnaire, auxquels Bô avait joint quelques-uns de leurs agents, reçurent copie de l'acte d'accusation, et les débats commencèrent le 27 vendémiaire an III — 18 octobre 1794[2].

Une partie notable des preuves et des démonstrations des excès de pouvoir de Goullin ayant été, dans le cours de ce récit, empruntée à ses réponses, à ses dénégations, à ses aveux devant le Tribunal, je ne pourrais, sans tomber dans des redites, suivre cet accusé devant ses juges. Les divers comptes rendus le montrent prenant la parole à tout propos, niant quelquefois avec effronterie ce qui devait peu après être mis dans une complète évidence ; et, dans d'autres moments, où il semblait tirer vanité du rôle prépondérant qu'il avait joué au Comité, se laissant aller à des aveux plus effrontés encore que ses dénégations, prétendant qu'il s'était dévoué pour le salut de la République, et qu'il n'était point de massacres que la raison d'État ne pût justifier. Il souleva un moment contre lui toute la salle, en invoquant l'exemple des journées de septembre. Durant les soixante séances que dura ce procès, où à chaque instant il s'était trouvé en scène, à force d'ergoter, d'interpeller, il avait acquis une certaine habileté de parole, qui lui permit deux ou trois fois, et notamment à la dernière heure, de transformer sa sellette en une véritable tribune.

[1] *Réimpression du Moniteur*, XXII, 227.

[2] Voir cet acte d'accusation dans le *Moniteur* du 26 vendémiaire an III.

Jusqu'au moment où Carrier vint prendre place sur les mêmes bancs que lui, il ne cessa de s'abriter derrière ses ordres, et quand tous les deux se trouvèrent face à face, Goullin adjura directement le représentant de reconnaître que le Comité n'avait fait que céder à son influence.

La mise en accusation de Carrier, que les perpétuelles accusations de Goullin et de ses camarades avaient en quelque sorte forcé la Convention de prononcer, fut certainement l'un des épisodes les plus importants de l'époque de transition qui suivit le 9 thermidor, époque durant laquelle la terreur avait cessé sans que la réaction eût encore osé s'affirmer nettement.

Ce n'était pas que Carrier en lui-même excitât le moindre intérêt, mais il semblait qu'en le livrant, la porte serait ouverte à toutes les représailles, et le nombre était grand de ceux qui étaient intéressés à ce que cette porte ne fût jamais ouverte. Le club des Jacobins était devenu la citadelle où s'étaient concentrées toutes les forces de ce parti ; la suspension des séances et la fermeture de la salle de cette Société, décrétées le 22 brumaire an III (12 novembre 1794), aux applaudissements de la Convention, furent les premiers signes de la défaite des terroristes. La mise en accusation de Carrier devait s'en suivre, et la Convention la vota peu après (3 frimaire—23 novembre 1794). Les divers incidents de cette lutte ne furent point étrangers à la longueur du procès, et l'incapacité de Dobsent, président du Tribunal, qui laissa continuellement s'égarer le débat ; le grand nombre des témoins entendus, dont la plupart ne faisaient que répéter ce qui avait été surabondamment établi, ne furent pas les seules causes du retard apporté au jugement du Comité ; il ne me paraît pas douteux que l'on voulût gagner du temps, afin que Carrier pût comparaître au Tribunal en même temps que ceux qui l'accusaient, et peut-être l'affaire eût-elle eu une fin toute différente si la mise en accusation de Carrier n'avait pas été prononcée.

Tandis que dans la ville on se passionnait pour ou contre Carrier, devenu l'enjeu des partis, l'unanimité des Nantais appelés en témoignage au Tribunal révolutionnaire lui était hostile, mais ils n'en étaient pas moins fort divisés dans leurs appréciations sur la part de criminalité des membres du Comité. Les témoins qui avaient été leurs complices plus ou moins directs rejetaient tout sur Carrier ; les autres, convaincus avec raison que l'entourage avait largement contribué aux crimes du proconsul, ne pouvaient s'empêcher de souhaiter que la justice usât envers tous de la même sévérité. « On rappelle, disait le *Mercure français* [1], les atrocités des brigands pour atténuer celles du Comité. On veut faire croire que les témoins ne sont que des brigands, des Vendéens et des Chouans, tandis que toute la ville de Nantes est venue déposer, mais cette tactique est trop connue et trop usée pour faire illusion au peuple. »

Quelques passages, extraits des lettres qu'écrivait

[1] N° du 15 brumaire an III, p. 315.

de Paris à sa famille le docteur Laënnec, l'un des témoins les plus notables entendus au procès[1], marquent bien la tendance d'une certaine catégorie de témoins à distinguer la cause du Comité de celle du représentant.

Après avoir écrit, la veille de l'ouverture des débats[2] : « Tout va bien, les buveurs de sang sont aux abois, et la Société, ainsi que les autorités constituées, qui ont laissé noyer les gens si complaisamment sans s'y opposer, vont bientôt payer leur dette » ; il s'exprimait ainsi le 8 brumaire an III—29 octobre 1794, sur la déposition de Champenois : « Champenois, comme nous nous y attendions, témoigna pour ses amis, ou plutôt témoigna fortement contre Carrier, car c'est la *marotte* de tout le parti..... Mais Vilmain vint après, et développa avec tant d'intérêt les persécutions exercées contre les Thoinnet, pères de douze enfants, les vols immenses faits dans leur maison ; il prouva si clairement que ces dilapidations étaient l'ouvrage du Comité tout seul, que les mouvements d'indignation reprirent toute leur force. Il sera encore entendu aujourd'hui, et c'est un témoin d'autant plus terrible, pour ces scélérats, qu'il parle comme tuteur de douze mineurs. »

Le 10 frimaire, le troisième jour de la comparu-

[1] C'est à la bienveillance de M. Charles Laënnec, avocat, petit-fils du docteur Guillaume-François Laënnec, que je dois la communication de ces lettres qui, ayant été écrites sous l'impression des événements, forment un dossier d'un très grand intérêt pour l'histoire du procès de Carrier.

[2] Lettre du 24 vendémiaire an III—15 octobre 1794.

tion de Carrier, il écrivait : « Carrier est perdu ; notre plus grande inquiétude est que ses complices échappent à ses dépens » ; et, peu après, le 14 frimaire (4 décembre 1794) : « J'ai été entendu ce matin dans l'affaire de Carrier ; M. Goullin m'est tombé sur le corps avec sa *radoterie* de fédéralisme. Il parait que ma déposition a vivement embarrassé son défenseur qui, à la sortie de l'audience, m'a demandé par deux fois la litanie frappante et curieuse de dates précises, dans laquelle j'ai classé, en une minute, tous les faits qui se sont passés, et toutes les horreurs qui ont été commises à Nantes depuis la fin d'avril 1793 jusqu'au 28 pluviôse an II. »

Le reproche de fédéralisme, adressé par Goullin au témoin Laënnec, pouvait faire à celui-ci l'effet d'une *radoterie*, surtout à un moment où s'agitait très sérieusement la question de faire rentrer à la Convention les députés proscrits au 31 mai ; ce n'en était pas moins une habileté véritable, de la part des accusés, d'exploiter à leur profit les préjugés contre le fédéralisme, car, ainsi que nous le verrons tout à l'heure, leur insistance à se donner comme ayant été d'abord les ennemis du fédéralisme, et ensuite les victimes de ce parti, aurait été la cause principale de leur acquittement.

CHAPITRE XII

Les avocats Tronson-Ducoudray et Réal. — Observations de Tronson-Ducoudray sur la défense de Goullin par Réal. — Son explication de l'acquittement. — Récit de M. Louis Blanc. — Explication de M. Michelet. — Paroles de Goullin avant la délibération du jury. — Attitude des acquittés dénoncée à la Convention par Lecointre. — Indignation de la population parisienne. — Avanies faites à Goullin. — Mécontentement des habitants de Nantes à la nouvelle de la mise en liberté des accusés. — Députation envoyée de Nantes pour demander à la Convention leur renvoi devant un autre tribunal. — Question de droit. — Renvoi des acquittés devant le tribunal criminel du District d'Angers décrété par la Convention. — Leur mise en liberté. — Goullin après sa libération. — Sa mort.

Deux des avocats qui avaient accepté de plaider dans l'affaire du Comité révolutionnaire avaient un nom célèbre, mais d'une célébrité bien différente. L'un était Tronson-Ducoudray, orateur d'un grand talent, dont le caractère était à la hauteur du talent, et qui, après avoir défendu Marie-Antoinette, ne dédaigna pas de prêter son ministère à Proust, membre du Comité, et à deux ou trois accusés inconscients de leurs méfaits. L'autre était Réal, qui avait été en même temps qu'Hébert substitut de Chaumette à la Commune de Paris, et qui fut plus tard l'un des serviteurs les plus zélés de Napoléon.

Réal défendait Goullin, et son plaidoyer n'a point

été imprimé; celui de Tronson-Ducoudray, au contraire, forme une brochure dans laquelle le plaidoyer est précédé d'*Observations préliminaires*, où sont exposées les causes qui amenèrent, selon lui, l'acquittement de Goullin et de ses complices.

Réal, dit Tronson-Ducoudray, avait joué un rôle fort actif dans l'affaire du 31 mai; ses clients le savaient, et ils lui persuadèrent « que ce qu'ils appelaient leurs fautes, ne venait que de leur aversion pour les prétendus fédéralistes de Nantes...... Voilà donc Réal qui se persuade graduellement une absurdité. On le voit perdre insensiblement de sa prévention contre ses clients; sa tête se monte.... il répétait: *Examinons;* bref, Réal, à force d'examiner, n'y voit plus. En effet, il commence bientôt à s'attendrir sur Goullin, Bachelier et autres gens de cette trempe, et il finit par se passionner pour Goullin; oui, pour Goullin. Il trouvait même que c'était le héros du sentiment; il me citait à moi-même des anecdotes de roman, à l'appui de sa vision. Réal était donc, comme on voit, l'agent involontaire d'une intrigue; il avait devant lui moins encore son cher Comité que le 31 mai [1]. »

Tronson-Ducoudray expose ensuite comment, ayant plaidé l'affaire générale pour ses clients « qui n'étaient que faibles ou exagérés, » il montra « que la terreur et l'enthousiasme, mobiles du système de

[1] *Plaidoyer de Tronson-Ducoudray dans l'affaire du Comité révolutionnaire de Nantes*, in-8°. Paris, Desenne, an III. *Observations préliminaires*, p. viij et suiv.

sang, étaient en même temps l'excuse des hommes égarés qui n'en avaient été que les instruments. Cette partie de son discours avait été écoutée avec faveur par les accusés, et l'idée avait paru heureuse à Goullin qui donna des signes d'approbation. Ce fut tout le contraire quand l'orateur, développant son plan, s'attacha à montrer que, même en Révolution, un assassin est toujours un assassin. Réal se fâcha et cria à plusieurs reprises : Ce n'est pas là la cause. Après l'audience, une vive altercation eut lieu entre les deux avocats, et le lendemain Tronson-Ducoudray ne vint pas au tribunal. Réal profita de cette absence pour soutenir que Tronson-Ducoudray avait accusé les accusés au lieu de les défendre. « Enfin le jugement est rendu ; il n'y a que Carrier, Pinard et Grandmaison de condamnés. Le peuple s'étonne, — continue Tronson-Ducoudray, — que des assassins, convaincus de l'être, ne soient pas convaincus, en même temps, d'*intentions* même *criminelles ;* » et quant à lui, il ne doute pas que le succès de Réal a tenu à l'art avec lequel il a su persuader aux jurés, en réponse à deux ou trois avocats qui avaient fait l'apologie du 31 mai, que si Goullin et autres étaient condamnés, le 31 mai l'était aussi. « Il est certain, dit-il en terminant, qu'on a cité le 31 mai, qu'on l'a pris même pour base ; que l'on a supposé à l'audience que l'on en voulait à cette mémorable journée, que les assassins se disaient persécutés par le fédéralisme, et que Réal a épuisé sa *minerve* sur ce texte-là [1]. »

[1] *Observations* de Tronson-Ducoudray, déjà citées.

Quelque étrange que soit cette explication de l'acquittement de Goullin et de ses complices, elle vient d'une source trop autorisée pour qu'il y ait lieu d'en rechercher une autre. Le jugement lui-même était plus étrange encore, puisque Goullin et consorts étaient, aussi bien que Carrier, Pinard et Grandmaison, convaincus de crimes odieux, mais qu'ils étaient acquittés pour les avoir commis sans intentions révolutionnaires, tandis que l'on prêtait des intentions de cette sorte à ceux que l'on condamnait.

M. Louis Blanc, qui connaît assez le public qui achète ses livres pour espérer d'être cru sur parole, a raconté l'acquittement des membres du Comité révolutionnaire de Nantes en des termes qui auraient pu fournir à Greuze, le peintre des scènes de famille, le sujet d'un tableau touchant. Après avoir vanté, comme une preuve de courage, le cynisme avec lequel Goullin dérouta un instant les réticences de Carrier, en lui disant que ses démarches à lui étaient aussi franches que ses paroles, et qu'il n'admettait pas, dans son vocabulaire, le mot *translation* comme synonyme de noyade, M. Louis Blanc affirme qu'il fut donné, dans le cours du procès, des preuves irrécusables « de la probité sans tache de Bachelier, et de l'humanité de Chaux... Réal, dit-il, produisit sur l'auditoire une impression profonde, lorsque, après avoir passé en revue tous les actes qui déposaient en faveur de la moralité de Goullin, son client, il s'écria : Sa tête fut exaltée ; son cœur est celui d'un patriote pur, d'un homme de bien. » Et l'émotion fut à son comble, quand on vit tout à coup se lever, pâle, tremblant, éperdu, les yeux pleins de larmes, l'accusé Gallon, ami de Goullin, et qu'on entendit ces paroles, proférées par une voix qu'étouffaient à demi les sanglots : Goullin est un honnête homme ; c'est mon ami ; il a élevé mes enfants ; tuez-moi, mais sauvez-le. » Le désespoir de Gallon était tel, qu'il fallut l'entraîner hors de la salle. « Sont-ce là des hommes féroces ? demanda Réal. L'auditoire répondit par des pleurs et le tribunal par un acquittement [1]. »

Que Gallon aimât Goullin, et que Goullin aimât Gallon, la chose est fort possible ; ils avaient longtemps vécu à Nantes, sous le même toit ; mais il faut que M. Louis Blanc ait une foi bien robuste dans les illusions de ses lecteurs, pour s'imaginer qu'ils croiront à l'honnêteté et à l'humanité de Goullin sur la foi de Gallon.

D'après M. Michelet, ce qui saisit le jury et fit « qu'il condamna Goullin à vivre, » ce fut le dernier mot dont celui-ci donna lecture, dans la nuit du 25 frimaire an III (15 décembre 1794), au moment où les jurés se retiraient pour prononcer sur son sort. Ce dernier mot est une confession où, au travers de l'étalage des sentiments généreux, éclate une vanité démesurée.

« Ce n'est pas pour moi, dit-il, que je prends la parole... pendant le cours de la procédure, je fus constamment vrai. Je tâchai même d'être grand sur la sellette comme on me reproche de l'avoir été dans le fauteuil du Comité. Mais je n'ai rempli que la moi-

[1] *Hist. de la Révolut.*, in-18, t. XI, p. 281 et suiv.

tié de mon devoir. L'heure de la liberté ou de la mort va sonner, et ce n'est pas à l'instant du péril que Goullin reculera. Enfiévré de patriotisme, poussé jusqu'au délire par l'exemple de Carrier, je fus plus coupable à moi seul que le Comité tout entier. C'est moi qui fis passer dans l'âme de mes collègues cette chaleur brûlante dont j'étais consumé. C'est leur excès de confiance dans mon désintéressement, mon républicanisme, mes vertus, j'ose le dire, qui les a perdus. Je suis, avec les intentions les plus pures, le bourreau de mes camarades. S'il faut des victimes au peuple, je m'offre. Indulgence pour eux... que le glaive de la loi s'appesantisse sur moi seul! que j'emporte dans la tombe la consolation de sauver la vie à des frères, à des patriotes! Mon nom, si la loi le proscrit, vivra du moins dans la mémoire de ceux pour lesquels je me dévouai. Puisse mon sang consolider la République! puisse-t-il imprimer une leçon terrible aux fonctionnaires audacieux qui seraient tentés de méconnaître les lois et d'outrepasser leurs pouvoirs [1]! »

Ce morceau est de ceux que l'on se contente de citer. Le lecteur me saura gré de n'en pas relever les énormités, car il sait de reste, je le suppose, que la générosité envers les gredins et la cruauté envers les honnêtes gens étaient des vertus républicaines.

L'acquittement de Goullin et de ses coaccusés n'en

[1] Le manuscrit de ce discours fait partie de la collection de M. Dugast-Matifeux, et la citation ci-dessus est empruntée à l'*Histoire de la Révolution,* de M. Michelet, t. VII, p. 91.

fut pas moins regardé à la Convention comme un scandale judiciaire. « Je demande, dit Lecointre, à la séance du 28 frimaire an III (18 décembre 1794), pour la vindicte publique, car je ne crois pas que personne veuille tolérer ou défendre l'assassinat, que le Comité de législation nous présente un projet de décret pour que ces hommes soient envoyés devant le tribunal criminel de leur département, qui les jugera conformément aux lois. (Vifs applaudissements.) Je ne dirai pas, pour prouver la nécessité de ma proposition, que ces hommes parcourent les maisons publiques de Paris, où ils se font gloire des assassinats qu'ils ont commis, où ils insultent à la mémoire de ceux qu'ils ont immolés, au malheur des familles qu'ils ont désolées. (Vifs applaudissements.) Je demande, en outre, que le Comité de Sûreté générale prenne des mesures pour que ces hommes ne sortent pas de Paris et restent sous la main de la justice jusqu'au rapport du Comité de législation. » Bréard ajouta : « La Convention ne doit pas laisser circuler dans la société des hommes couverts d'opprobre, coupables des plus grandes atrocités [1]. »

Cet acquittement n'avait pas été mieux accueilli par la population parisienne : « Hier, vers huit heures du soir, au *Café des Canonniers,* — ce renseignement est emprunté à un rapport de police en date du 28 frimaire an III, — Goullin, Nantais acquitté par le Tribunal révolutionnaire, a été reconnu, vu de mauvais œil, et mis à la porte par le public,

[1] *Monit.* du 30 frimaire an III, *Réimpression,* t. XXII, 782.

qui l'a traité d'homme de sang, etc., en disant que s'il avait été acquitté au Tribunal révolutionnaire, il ne l'était pas dans l'opinion publique ; les esprits étaient fort échauffés à cette occasion, et tout le monde disait qu'il ne voulait jamais se trouver avec un pareil maître [1]. »

Semblable avanie lui fut faite le même soir au *Café de Chartres,* où il était entré avec un de ses amis : « Il y fut, dit le *Courrier républicain,* universellement couvert de huées, et obligé de s'enfuir tout confus. » Le même journal ajoute : « A la suite de cet événement, il s'est engagé, dans la plupart des lieux publics, des conversations très animées sur ce mémorable jugement, et nous devons dire que partout il a été attaqué, sans que personne se soit présenté pour le défendre, si l'on en excepte un juré du tribunal, qui a fini par dire que, s'il eût siégé dans l'affaire, il eût condamné Goullin et autres [2]. »

Goullin s'était plaint avec amertume, durant son procès, d'être accusé devant un tribunal où le peuple de Nantes n'avait point accès. « C'est à Nantes, disait-il, c'est devant le peuple de cette ville que notre procès devrait s'instruire ; c'est devant lui que nous pourrions confondre nos calomniateurs. Les sans-

[1] *Tableau de la Révolution française,* Schmidt, t. II, p. 253. Cet ouvrage, composé tout entier de rapports de police copiés à Paris par un Allemand, a été imprimé à Leipzig, ce qui explique la multiplicité des fautes d'impression ; ainsi, il est à croire qu'au lieu de *maître,* il faut lire *monstre.*

[2] *Courr. républ.* du 29 frimaire an III — 19 décembre 1794, p. 401

culottes de Nantes n'ont pas le moyen de faire des voyages coûteux, n'ont pas la ressource de venir à Paris cabaler et accaparer l'opinion publique; la partie n'est pas égale, et ne peut le devenir à cent lieues de l'endroit où se sont passés nos actes et nos prétendus forfaits [1]. » Il eût été facile de répondre à ces plaintes, en rappelant à Goullin que la Société populaire de Nantes s'était, dans la séance du 18 vendémiaire (9 octobre), cotisée pour envoyer à Paris, par des voies rapides, celui des témoins dont la déposition était regardée comme devant entraîner le plus sûrement la condamnation des membres du Comité, le témoin Julien Leroy, échappé à la noyade du Bouffay [2]. Ce malheureux avait les droits les plus incontestables à se proclamer sans-culotte, car une partie de la collecte était destinée à lui acheter des vêtements, et les membres de la Société populaire, qui lui payaient son voyage, étaient bien des sans-culottes de l'espèce de ceux que Goullin souhaitait de voir autour de lui; mais l'envoi à Paris d'une députation, chargée de hâter le jugement des acquittés par un autre tribunal, prouve davantage encore à quel point Goullin en imposait lorsqu'il parlait des sympathies des patriotes de Nantes.

Cette députation comparut à la barre de la Convention, le 30 nivôse an III (19 janvier 1795), et l'adresse des citoyens de Nantes, dont lecture fut donnée, commençait ainsi :

[1] *Bull. du Trib. révol.*, VI.

[2] *Les Noyades de Nantes*, 2ᵉ édit., p. 35, note 3.

« Nous venons au nom des citoyens de Nantes vous témoigner leurs inquiétudes sur le jugement du Comité révolutionnaire de Nantes. Ces êtres, auxquels nous ne donnerons pas le nom d'hommes, ont été acquittés parce que leur intention, a pensé le jury, n'a pas été de faire la contre-révolution. Quelques réflexions vous démontreront que la contre-révolution était faite s'ils avaient pu continuer leur plan de massacres et d'horreurs. » Ces quelques réflexions occupent presque deux colonnes entières du *Moniteur ;* et comme Carrier avait depuis longtemps expié ses crimes, les paroles qui viennent d'être citées démontrent clairement que ses complices n'avaient pas laissé de meilleurs souvenirs que lui dans l'esprit des patriotes de Nantes. L'adresse continuait : « Il faut que les ministres de la mort qui ont si longtemps exercé leurs sanglantes fonctions à Nantes, reparaissent devant les tribunaux; » et elle se terminait par la demande « d'un prompt rapport sur le jugement du Comité révolutionnaire de Nantes, de ses agents et de ses complices[1]. »

La remise en jugement d'individus qui avaient été acquittés soulevait une question de droit fort délicate. Mon ami, M. de la Sicotière, ayant traité cette question avec le talent du publiciste et l'autorité du jurisconsulte, je ne puis que renvoyer le lecteur au très intéressant travail intitulé *Le Patriote D'héron.* D'héron était un des complices des membres du Comité, qui, bien que convaincu d'avoir assassiné des

[1] *Réimpress. du Monit.*, XXIII, 258.

enfants, avait été acquitté comme ayant, lui aussi, selon la doctrine de Tartufe :

> .... rectifié le mal de l'action
> Avec la pureté de son intention.

Les principes du droit criminel s'opposaient certainement à ce que les bénéficiaires d'un jugement en dernier ressort fussent, pour les mêmes faits, renvoyés devant de nouveaux juges ; mais qui se souciait alors des principes et des lois ? Le Comité révolutionnaire n'avait-il pas lui-même proclamé dans son *Compte rendu* de nivôse « qu'en révolution il vaut mieux que dix patriotes aient à souffrir d'une erreur involontaire, que de voir échapper un seul conspirateur ! » Plusieurs fois la Convention avait annulé des sentences parfaitement régulières selon les lois du temps, parce qu'elles innocentaient des contre-révolutionnaires, et ordonné la remise en jugement des prévenus acquittés [1] ; l'Assemblée souveraine ne fit donc que suivre ses propres errements en décrétant, le 2 floréal an III (21 avril 1795), sur la proposition de Bourdon, « que les individus du Comité révolutionnaire de Nantes, acquittés par le Tribunal révolutionnaire, seront renvoyés par devant le Tribunal du District d'Angers, pour y être jugés sur les délits ordinaires [2]. »

[1] Notamment le décret rendu le 11 prairial an II sur la proposition de Carrier, à l'effet de traduire devant le Tribunal révolutionnaire de Paris plusieurs individus acquittés par le Tribunal criminel du Cantal. *Réimpression du Moniteur,* XX, 606.

[2] *Eod.,* XXIV, 285.

Ces « individus » furent transférés à Angers ; une procuration envoyée par Bachelier à sa femme est datée d'Angers, le 15 prairial an III [1], et ce fut en vue de la prochaine instance que le même Bachelier fit imprimer son *Mémoire pour les acquittés*, qui a été cité plusieurs fois. Il paraît certain néanmoins qu'il n'y eut contre Goullin et ses coaccusés aucune reprise d'instance ; jamais on n'a pu découvrir, aux greffes d'Angers, la moindre pièce d'une procédure quelconque engagée contre eux. Goullin vraisemblablement recouvra sa liberté en même temps que Bachelier, c'est-à-dire le 17 frimaire an IV (8 décembre 1795) [2].

Bachelier revint à Nantes, où il vécut longtemps [3]. Chaux y revint également [4] ; mais à partir de ce moment, les habitants de Nantes perdirent complète-

[1] Cette procuration est mentionnée sur le registre du Bureau des Émigrés, 20 messidor an III, f° 20.

[2] Une décision du Bureau des Émigrés, du 12 ventôse an IV, f° 10, mentionne l'expédition d'un jugement du Tribunal correctionnel d'Angers, du 17 frimaire an IV, *qui met Bachelier en liberté*, mais ce jugement n'existe point sur les registres. (V. *Le Patriote D'héron*, par M. de la Sicotière.) — Une note de Villenave, inscrite sur la chemise du dossier de Louis Naud et autres, porte simplement que ces accusés furent renvoyés devant le Tribunal criminel d'Angers, *où ils furent mis en liberté*. (Collection de M. G. Bord.)

[3] Bachelier mourut à Nantes, le 10 août 1843. (*Notice sur Bachelier*, par M. Dugast-Matifeux. Fontenay, Robuchon, 1849. — *Biographie bretonne*, t. I, p. 59.)

[4] Chaux mourut à la Roche, commune de Doulon, le 26 novembre 1817 ; son acte de décès porte : Chaux de Champeau ; Champeau était le nom d'une propriété qu'il avait possédée dans la commune du Grand-Auverné.

ment les traces de Goullin, et plusieurs versions erronnées ont été publiées sur le lieu et l'époque de sa mort.

M. le comte Théobald Walsh, dans un écrit intitulé *Mes souvenirs de trois quarts de siècle,* a raconté que Goullin serait mort à Angers, assommé par un gentilhomme dont il avait fait périr les parents sur l'échafaud[1]. Nogaret a prétendu qu'il s'était suicidé pour échapper à ses remords[2]. Goullin mourut d'une façon moins tragique, et je prie M. Dugast-Matifeux d'agréer tous mes remerciements d'avoir bien voulu rechercher dans ses papiers et me communiquer une note ainsi conçue, qui met fin à toutes les incertitudes :

« Goullin ne retourna point à Nantes. Il erra çà et là sous un nom d'emprunt, cherchant des moyens d'existence, car il n'avait aucune fortune. Un gentilhomme du Haut-Poitou, nommé du Theil, le prit pour instituteur de ses enfants. Sa mauvaise santé ne lui ayant pas permis de continuer l'enseignement, il fut en dernier lieu recueilli par le président de l'Administration municipale du canton de Saint-Barbant, nommé Desbordes, qui s'intéressait à lui. Il languit plusieurs mois, et mourut dans la demeure de M. Desbordes, au hameau du Repaire, commune de Bussière-Poitevine[3], le 24 prairial an V (12 juin

[1] *Revue de France,* 15 mars 1877.

[2] *Histoire de la Guerre civile en France,* t. III, p. 312.

[3] Les communes de Saint-Barbant et de Bussière-Poitevine font aujourd'hui partie du canton de Mézières, arrondissement de Bellac (Haute-Vienne).

1797), à l'âge d'environ quarante ans. Il est inscrit dans l'acte de décès sous son véritable nom, qu'il avait révélé en mourant. »

L'acte de décès, dont un de mes amis qui habite la Haute-Vienne m'a fait parvenir une expédition authentique, confirme l'exactitude de ces renseignements. Goullin y figure avec les prénoms Jean-Jacques et l'indication de sa naissance à Saint-Domingue.

Ce Desbordes était un prêtre marié ; sorti depuis peu de temps du séminaire d'Angoulême quand la révolution éclata, il était à l'époque de la Terreur commissaire du Directoire du département de la Haute-Vienne, et il avait été, en cette qualité, envoyé à Rochechouart pour y faire une enquête sur les mauvais traitements infligés par un geôlier à de malheureuses prisonnières. En remplissant sa mission, M. Desbordes s'était épris d'une jeune fille noble, l'une de ces prisonnières, qui consentit à l'épouser pour assurer le salut de sa famille [1].

C'est ainsi que la demeure d'un prêtre apostat fut le dernier asile de celui qui avait tant haï les prêtres fidèles à leurs serments.

Quelles furent ses dernières pensées quand, moribond sur son lit de douleurs, le souvenir de ses victimes obséda sa conscience ? Eut-il, aux approches de

[1] *Rochechouart. — Histoire, Légendes, Archéologie*, par M. l'abbé Dulery, in-8°. Limoges, Ducourtieux et Cie, 1855, p. 273 et suiv. — M. Desbordes devint plus tard, sous l'Empire, juge de paix de Mézières (Haute-Vienne), et fut élu, en 1815, membre de la Chambre des représentants.

la mort, comme tant d'autres âmes aveuglées durant leur vie, une claire vision de l'éternelle justice? La foi nous enseigne que la miséricorde divine se mesure au repentir du pécheur et la dernière pensée est le secret de Dieu ; mais l'histoire ne serait que la satisfaction d'une vaine curiosité si elle n'infligeait à la mémoire de Goullin, et de ceux qui lui ressemblent, les marques de sa flétrissure.

TABLE DES MATIÈRES

Pages.

Avant-Propos 1

Chapitre premier. — Lieu de naissance de Goullin. — Son signalement d'après son passeport. — Sa mauvaise santé. — Sa répugnance pour le service militaire. — Difficultés qu'il rencontre à ce sujet. — Son attitude envers le Clergé dès 1791. — Détails sur son caractère et ses habitudes. — Sa nomination au District. — Son attitude dans cette administration. — Il obtient une place lucrative dans l'Enregistrement. — Sa correspondance avec le Procureur-Syndic du District. — M. de la Bregeolière, prédécesseur de Goullin dans la régie de l'Enregistrement 7

Chapitre II. — Goullin, secrétaire du représentant Philippeaux. — Sa conduite au moment du siège de Nantes. — Réorganisation du Comité de salut public. — Lettre de Goullin à ce Comité. — Menaces contre les Nantais. — Situation de la ville de Nantes. — Renouvellement des administrations. — Influence de Goullin dans cette affaire. — Goullin, notable de la Municipalité. — Etablissement du Comité révolutionnaire. — Appréciation des contemporains sur les membres appelés à en faire partie. — Pouvoirs des Comités révolutionnaires. — Action prépondérante de Goullin dans celui de Nantes 20

Pages

Chapitre III. — Le club de la Halle. — Opinion des membres de ce club. — La fermeture en est ordonnée par les Représentants. — Nombreuses arrestations. — L'établissement d'une compagnie révolutionnaire proposé par le Comité. — Propositions de grandes mesures contre les prisonniers. — Menaces de fusillades. — Arrivée de Carrier à Nantes. — Formation de la Compagnie Marat. — Tentative de divers habitants pour quitter Nantes. — Augmentation de la solde des gardes nationaux. — Motifs futiles des arrestations. — Conspiration du 22 brumaire an II. — Arrestation des habitants désignés plus tard sous le nom de Cent trente-deux Nantais. — Mesures prises à leur égard. — Leur envoi à Paris pour y être jugés par le Tribunal révolutionnaire. — Ignorance de Carrier des causes de cet envoi. — Absence de pièces de conviction contre ces accusés. — Correspondance à ce sujet de Fouquier-Tinville avec les membres du Comité révolutionnaire de Nantes et avec Carrier. — Conduite de Goullin dans cette affaire.............. 30

Chapitre IV. — Le Comité révolutionnaire responsable des actes de la Compagnie Marat. — Encombrement des prisons. — Rationnement des prisonniers. — La disette à Nantes. — La contagion dans la prison des Saintes-Claires. — La destruction des prisonniers entrevue comme un remède à la disette et à la contagion. — Goullin et les prêtres échappés à la noyade. — Nouvelle d'un retour offensif de l'armée vendéenne. — Conspiration du Bouffay. — Son véritable caractère. — Préparation de listes de victimes. — Goullin pendant la nuit du 14 frimaire an II. — Ordre de fusillade. — Résistance de Boivin. — Nouvelles propositions de détruire les prisonniers en masse, dans la nuit du 15 frimaire.

Pages

— Préparatifs d'une noyade empêchée par le président Phelippes.............................. 49

CHAPITRE V. — Ordres du Comité révolutionnaire relatifs aux noyades. — Préparatifs et exécution de la noyade du Bouffay. — Propos atroce de Goullin. — Affiche signée de Goullin interdisant les sollicitations en faveur des prisonniers. — Goullin élu président du Comité révolutionnaire. — Exécutions sans jugement; Carrier et Goullin au pied de la guillotine. — Goullin menace de mort des prisonniers coupables d'avoir jeté du riz. — Attitude des membres du Comité en présence des maux de la cité. — Arrêté du Comité relatif aux enfants de l'entrepôt; scène de Goullin avec Carrier. — Les lettres de recommandation de Goullin. — Goullin et les jeunes convalescents du médecin Thomas. — Exécution de 24 prisonniers à l'Eperonnière, ordonnée par le Comité.......................... 63

CHAPITRE VI. — Goullin et la famille de Coutances. — Les joyaux de Mme Walsh. — Confiscations de bijoux et d'argenterie par le Comité. — Exclusion des marchands des ventes publiques d'objets précieux confisqués. — Ventes à vil prix. — Lettre de Goullin sur le désintéressement, condition nécessaire pour assurer le règne de la République..... 80

CHAPITRE VII. — Lamberty et sa bande. — Intimité de ces hommes avec le représentant Carrier. — Inquiétudes du Comité de trouver en eux des rivaux. — Le Comité s'occupe de machiner leur perte. — Passage à Nantes de Marc-Antoine Jullien. — Il prend parti contre Lamberty et Carrier. — Les lettres à Robespierre pour demander le rappel de Carrier. — Préparatifs par le Comité d'une accu-

Pages

sation capitale contre Lamberty et Fouquet. — Comparution de ceux-ci au Comité. — Preuves des rapports amicaux de Goullin avec Carrier, jusqu'à la fin du séjour du représentant à Nantes. — Départ de Carrier. — Poursuites ordonnées aussitôt contre Lamberty et Robin.................. 87

CHAPITRE VIII. — Effets du départ de Carrier. — Cessation des exécutions en masse. — Les arrestations et les taxes arbitraires continuent. — Offre faite à Goullin d'une situation de surveillant du Commerce à Nantes. — Affaire Joznet La Viollais. — Goullin et Chaux mandés à Paris par la Convention. — Leur départ joyeux pour Paris en compagnie d'invités. — Séjour à Paris. — Carrier apprend l'exécution de Lamberty. — Intérêt de tous les terroristes de Nantes à la disparition de Lamberty. — Attitude inexplicable de Carrier au sujet de Lamberty. — Frais de voyage de Goullin et de Chaux................................ 96

CHAPITRE IX. — Causes du retour à Nantes de Goullin et de Chaux. — Animosité contre eux de l'ex-président Phelippes. — Phelippes appelé aux fonctions d'accusateur public. — Il réclame des prisonniers disparus par l'effet des noyades. — Essai par le Comité d'une dénonciation de fédéralisme contre Phelippes. — Retour du Comité à la modération. — Phelippes demande un compte des objets précieux confisqués. — L'administration du District se joint à Phelippes pour demander des comptes au Comité. — Hésitation des représentants en mission. — Le Comité demande le maintien à Nantes de la justice révolutionnaire. — Proposition, faite par Chaux, au médecin Thomas, de dénoncer Phelippes. — Arrivée à Nantes des représentants Bour-

Pages

botte et Bô. — Dénonciation non signée du Comité contre Phelippes. — Affaissement de l'autorité du Comité. — Fin de ses séances.................. 109

CHAPITRE X. — Continuation des accusations de Phelippes contre le Comité. — Apposition d'une affiche du Comité pour solliciter du public des indications sur les sommes versées à titre de dons. — Le Comité se décide à envoyer des comptes au District. — Lettres de Goullin. — Il refuse la place de garde-magasin des marchandises anglaises. — Bruit de son départ pour Paris. — Renseignements sur les noyades demandés au Comité par Bô et Bourbotte. — Insistance de ces représentants pour obtenir le compte exact des taxes perçues par le Comité. — Politique du Comité de Salut public. — Arrestation de Phelippes et des membres du Comité. — Récriminations de Goullin. — Proclamation des représentants. — Illégalité de la résistance du Comité à rendre compte des taxes perçues.... 121

CHAPITRE XI. — Dilapidations du Comité établies par l'enquête. — Renvoi de ses membres devant le Tribunal révolutionnaire de Paris, pour y être jugés. — Départ des accusés. — Leur voyage. — Leur désespoir à la nouvelle de la chute de Robespierre. — Effets du 9 thermidor. — Publication à Paris de la relation du voyage des 132 Nantais. — Procès et acquittement de ceux-ci. — Goullin entendu comme témoin. — Conséquence de ce procès pour les membres du Comité révolutionnaire de Nantes. — Goullin au Tribunal révolutionnaire de Paris. — Mise en accusation de Carrier. — Courants divers de l'opinion publique à ce sujet. — Les témoins amis des membres du Comité hostiles à Carrier. — Appréciation des débats par le témoin Laënnec.. 135

CHAPITRE XII. — Les avocats Tronson-Ducoudray et Réal. — Observations de Tronson-Ducoudray sur la défense de Goullin par Réal. — Son explication de l'acquittement. — Récit de M. Louis Blanc. — Explication de M. Michelet. — Paroles de Goullin avant la délibération du jury. — Attitude des acquittés dénoncée à la Convention par Lecointre. — Indignation de la population parisienne. — Avanies faites à Goullin. — Mécontentement des habitants de Nantes à la nouvelle de la mise en liberté des accusés. — Députation envoyée de Nantes pour demander à la Convention leur renvoi devant un autre tribunal. — Question de droit. — Renvoi des acquittés devant le tribunal criminel du District d'Angers décrété par la Convention. — Leur mise en liberté. — Goullin après sa libération. — Sa mort 147

ERRATA

Page 83, note 2, ligne 3, au lieu de Goullin, lire *Gaullier*.
Page 98, l. 6, au lieu de remette, lire *remettre*.
Page 109, l. 4, au lieu de tenter, lire *tarder*.

Nantes.— Imp. Vincent Forest et Émile Grimaud, place du Commerce, 4.

www.ingramcontent.com/pod-product-compliance
Ingram Content Group UK Ltd.
Pitfield, Milton Keynes, MK11 3LW, UK
UKHW020250250726
13967UKWH00004B/1595